젠더 감수성을 기르는 교육

젠더 감수성을 기르는 교육

초판 1쇄 발행 2020년 7월 25일 **초판 2쇄 발행** 2022년 7월 25일
글쓴이 박상옥 외 **펴낸이** 현병호 **편집** 장희숙 **펴낸곳** 도서출판 민들레
출판등록 1998년 8월 28일 제10-1632호 **주소** 서울시 성북구 동소문로 47-15
전화 02) 322-1603 **이메일** mindlebook@gmail.com **홈페이지** www.mindle.org
ISBN 978-89-88613-91-7(03370)

민들레 선집 **6**

더불어 살기 위해 필요한 감수성 ——

편집실 엮음

젠더 감수성을 기르는
교육

젠더 문제는 인간의 존엄과 해방에 관한 담론이 아닐까? 오늘날 공생을 위해
반드시 필요한 덕목이 된 젠더 감수성을 기르는 교육의 방향을 가늠해본다.

민들레

가랑비에 옷 젖듯 천천히 물드는

페미니즘의 촉발로 한국사회가 빠르게 변하고 있습니다. 당연하던 것들이 다르게 보이는 경험을 하면서 새로운 세계에 눈뜨기 시작한 이들과 기존의 관습에 익숙한 이들이 동시대를 살아가면서 세대간, 성별간 갈등도 커지고 있습니다.

세상이 많이 변하고 있다지만 여성들은 여전히 크고 작은 성차별과 성폭력을 경험하고 있습니다. 남자들이 들으면 '그게 실화냐'고 눈이 똥그래지는 온갖 경험담이 끝없이 이어집니다. 돌이켜보면, 여성으로 살면서 밥 먹듯이 겪게 되는 이런 일에 어떻게 대응해야 할지 어디서도 배울 수 없었지요. 그 행위를 무어라 명명하는지 인지하는 데만도 오랜 시간이 걸렸습니다. 상처를 주고받으면서 그게 상처인 줄 모르는 경우도 허다합니다. "자신의 행위와 경험을 해석할 수 있는 언어를 배우는 것"이 중요한 까닭입니다. 그런 면에서 젠더 감수성을 기른다는 것은 곧 성에 대한 자신의 생각과 행위를 인지하고 적절한 언어를 찾는 과정이라고 말할 수도 있겠습니다.

생물학적 성(sex) 교육을 넘어 사회적인 성인지 감수성을 키우는 젠더(gender) 교육이 필요한 때입니다. 우리 사회에 충격을 안긴 n번방 사건 등에서 드러나듯 남자들을 위한 페미니즘 교육의 필요성이 더욱 강하게 제기되는 시점이기도 합니다.

특히 여러 세대가 함께 어울리는 학교나 가정에서 젠더 감수성 차이로 갈등을 겪는 경우가 잦습니다. 그 균열이 더 넓은 세계를 만나는 과정이 되길 바라며, 그동안 『민들레』에 실렸던 성과 젠더에 관한 이야기를 한데 모아보았습니다. 새로운 세상에 눈을 떠가는 교사와 부모, 10대 청소년들의 생생한 목소리와 날카로운 문제의식이 담겨 있어 젠더 이슈에 관한 여러 입장을 이해하기에 좋은 글들입니다.

'감수성을 기르는 것'은 가랑비에 옷 젖듯 아주 천천히 물드는 일이어서 오랜 시간 그러한 분위기와 환경에 자연스레 노출되는 경험이 필요합니다. 기울어진 성문화를 만드는 데 일조해온 기성세대가 먼저 공부하고, 먼저 변해야 하는 이유일 것입니다.

자칫 양성간의 대결 구도처럼 비치지만 젠더 문제는 근본적으로 인간의 존엄과 해방에 관한 담론이 아닐까 생각합니다. 오늘날 젠더 감수성은, 갖추면 좋은 교양이 아니라 공생을 위해 반드시 필요한 덕목이 되었습니다. 이 담론이 우리에게 오랜 시간 덧씌워진 통념에서 벗어나 더 넓은 세계를 만나는 계기가 되면 좋겠습니다. 아직 갈 길이 멉니다.

2020년 7월

장희숙(『민들레』 편집장)

차 례

2

**공생의 기술,
젠더 감수성
교육**

1부
기울어진
젠더교육의 현실

남중생 언어생활 관찰기

넘실거리는 '검은 혀'의 무리들

나는 30년째 남자 중학생들을 만나온 자칭 '남중 전문 교사'이다. 국어를 가르친다. 어느 프랑스 소설에 나오는 것처럼 나도 나를 멋들어지게 '문학교사'라고 소개하고 싶다. '남자 중학생한테 문학을 가르친다구요? 그게 가능합니까?' 하고 놀라거나 비아냥거릴지도 모른다는 두려움을 무릅써야만 그런 소개가 가능할 것 같긴 하다. 예로부터 인류 최대의 숙제가 10대 남자아이를 잘 기

안정선 _ 경희중학교 교사. 『내 어린 늑대와 강아지들』, 『세상에서 가장 큰 담요』 『교사와 부모 사이』 같은 책을 썼다.

르는 거라고 했던가. 생활지도조차 쉽지 않은 판국에 국어를, 바른 말을, 심지어 문학을 가르치겠노라 덤비는 내게 주변 사람들은 입을 모아 말한다. "참, 힘드시겠어요."

그렇다. 참 힘들다. 첫째, 알아듣게 뭔가를 일러주는 일도 힘들고, 일러준 대로 말하고 쓰지 않는 그들을 보는 것도 힘들다. 쉬는 시간이면 복도에 넘실거리는 '검은 혀'의 행렬이 이어진다. 씨, 즈, 개- 이런 말들을 앞뒤에 달고 사는, 언어인지 포효인지 모를 소리를 내뱉는 그들과 부대끼는 일이 힘들다. 최근 그들은 된소리와 거센소리에 더해 엄마욕(패드립)까지 한다. 동성 친구들끼리도 '~년'이라 부르면서 여성혐오로 가득한 말을 내뱉는다. 내가 가슴을 치며 통성기도를 해야 할 지경이다. "내 탓이요, 내 탓이요, 그동안 저는 무엇을 가르쳤을까요."

얼마 전 수업시간에 아이들의 수다를 엿들었다. "지난주에 대학로를 지나는데 페미니스트들이…. 아휴, 재수 없어." 놀라운 사실은 젊은 남자들 중 상당수가 '페미니스트'란 단어 자체를 욕으로 쓴다는 거다. 그 아이가 내뱉은 '페미니스트'라는 말에도 혐오감이 듬뿍 담겨 있었다. 깜짝 놀란 나는 그에게 다가가 "○○아, 페미니스트라는 말은 나쁜 뜻이 아니야"라고 말했다. 마음 같아서는 아이를 붙들고 몇 시간이고 페미니즘이라는 용어의 뜻과 운동의 역사를 설파하고 훈육과 훈계로 그로 하여금 고개를 조아리게 한 후 "아, 그렇군요. 앞으로 페미니즘에 대해 책 좀 읽어보고

그 말을 적절하게 사용하도록 노력하겠습니다"라는 승복을 받고
싶었다.

　하지만 나의 교육철학은 '설득되지 않은 훈육은 없다'이며 '억
지로 승복하게 하는 것은 필시 부작용을 불러일으킨다'였으므로,
그렇게까지는 하지 않았다. 다만, 아이에게 무슨 일이 있었는지
물었다.

　휴대폰을 보면서 길을 걷고 있는데 앞에서 어떤 누나 둘이 자
기더러 "저희 찍으셨죠?" 하더란다. 경찰까지 출동했단다. '너무
억울했다'까지는 이해가 되는데, 뒤이어 "아오, 얼굴은 완전 빻아
가지고(못생겼다는 뜻의 속어)…"를 덧붙였다. 이 말을 듣는데 불
편한 마음이 불쑥 솟아올랐다. 교사 앞이고 수업 시간이라 더 심
한 말은 삼갔겠지만 쉬는 시간 자기들끼리의 대화였다면 "내가
주말에 어떤 꼴페미X들을 만났는데 졸X 뚝배기 깨버리고 싶더
라. 경찰 오고 완전 개재수, 아, 씨X 말도 얼마나 재수 없게 하는
지 '저희 찍으셔쬬? 찍으셨짜나요오~' 그런다? 아 X발…" 이랬
을 거다. 어느 부분에 X표를 얼마나 해야 할지 고민될 정도로 괴
로운 언사를 날마다 들으면서 살아간다.

　남자아이들이 친구들에게 많이 하는 욕은 '씨X년, (에미) 뒤X
년'이다. 한번은 복도에서 욕하는 아이를 그 자리에서 붙들어 왜
남자에게 여자 욕을 하는지 물어보았다. 아이들의 답은 논리가
없다. "그냥요, 애들도 하니까요, 쟤가 먼저 장난쳤어요" 그런다.

말로는 표현하지 못하지만 사실 그들은 여자에게 하는 욕이 남자에게 더 모욕적으로 들린다는 것을 알고 있어서 그렇게 하는 것이다. 오히려 공개적인 자리에서는 여자를 무시하는 말을 하지 않는다. 심지어는 초등학교 남녀공학 교실에서 경험한 바가 있어서 그런지 '여자들은 똑똑하고 야무지다'고 말한다. 하지만 자기들끼리 있을 때는 여자를 성적으로 비하하는 말을 많이 한다. 힘으로 억누르고 싶지만 그럴 수 없는 속상함을 '어둠의 경로'를 통해 표현하는 건 아닐까. 그 속마음을 표현하자면 "너희가 아무리 똑똑하고 공부 잘해도 성적性的으로는 나보다 약한 사람이잖아" 뭐 이런 걸까?

일상에 만연한 성차별의 시선

올해 초, 중2 학생들과 토론 수업을 했다. 토론을 하라고 멍석을 깔아줘도 꿀 먹은 벙어리처럼 앉아 있곤 해서 우선, 아이들이 입을 열지 않을 수 없는 주제를 선택했다. 그리고 '말할 거리'를 미리 마련하도록 2주 전에 주제를 알려주고 관련 자료를 조사해 오게 했다.

중2 남학생들이 입을 열지 않을 수 없는 주제가 무엇인가 하면 바로 '군대'이다. 고작 열다섯 살 난 남자'아이'들에게도 5년 후 닥칠 '군대'는 공포의 대상이자 로망인 동시에 전설이자 허상이다. 하지만 무엇보다도 현실이다.

징집제도를 징병제로 할 것인가, 모병제로 할 것인가?
대체복무제에 찬성하는가, 반대하는가?
징병제를 강행할 경우 여성도 군대를 가야 할까, 말아야 할까?

이런 주제로 조사를 해온 뒤, 본격적인 토론은 3차시에 걸쳐 펼쳤다. '징병제냐, 모병제냐'라는 이슈에 대해서는 거의 반반 수준으로 팽팽히 입장이 갈렸다. 주제를 제시했을 때는 대부분 "당연히 모병제죠, 누가 억지로 군대 가고 싶어 해요?" 했지만 자료를 조사하고 논리를 펼수록 생각이 많아지는 모양이다. 대체복무제는 2018년 말 정부안으로 시행이 확정된 후인지라 그다지 논란이 되지 않았다. 역시 쟁점은 '여자도 군대에 가야 할까'였다.

"여자는 애를 낳아야지요."
"남자들 다 군대 가 있는데 여자 혼자 애 낳아요?"
"아니, 댁(존댓말을 하랬더니 '당신'이랬다, '누구 씨'라고 했다가, 자기들끼리도 호칭이 뒤엉킨다)은 사랑하는 여친이 군대 가면 좋겠어요?"
"만약 전쟁 나서 여자들이 총 들고 싸우면 적군이 우릴 얼마나 만만하게 보겠냐고~."

"남자들은 2년 동안 '뺑이' 치는데 여자애들은 그 시간에 공부하고 먼저 취업하고, 불평등합니다."

"군필자 인정해주는 거, 여자들은 또 그걸 갖고 차별이란다."

"여자들만 살기 좋은 세상이야."

"야야, 근데 여자들은 생리하잖아, 군대 가면 그건 어떻게 해?"

이쯤 되면 어지간해서 토론에 개입하지 않거나 침묵을 지키는 모둠에 가서 생각을 끌어내는 정도의 질문만 던지던 나도 참견을 해야 한다. 우선 여성의 군복무에 대해서는 '왜 많은 나라에서 여성 징집을 시행하지 않는지? 장점이 많다면 왜 여태 여성을 징집하지 않았을지' 생각해보도록 유도한다. 출산과 육아 문제가 나오면 저출산 문제와 군징집 문제의 연관성을 생각해보도록 한다. 생각보다 많은 남학생들이 '여자도 군대를 가는 것은 비현실적이고 비효율적'이라고 정리한다. 그런 정리의 과정에 감정이 아닌 논리적 사고가 작용하기를 바라기에 토론 수업을 하는 것이다. 토론이 산으로 가지 않을 만큼의 개입, 그러나 그 모든 과정을 자기들 스스로 해냈다는 성취감을 방해하지 않을 만큼의 적절한 영향력을 행사해야 한다.

모든 토론을 마치고 정리할 때는 교사의 개인적인 생각임을 전제로 의견을 제시하기도 한다. 학생들이 나를 신뢰해야만 나의 주장에 설득이 될 것이기 때문에 교사의 태도는 고압적이어서는 안 된다. 하지만 결정적으로 잘못된 의견에 대해서는 단호하게 지도해야 한다. 가령 '여자는 애나 낳아야지 무슨 군대냐'라거나 '꼴페미들 군대 가서 고생해봐야 남자가 힘든 줄 안다'는 식의 발언에 대해서는 차별적이고 혐오적인 측면을 단호하게 지적한다.

"나의 언어의 한계는 나의 세계의 한계다." 비트겐슈타인의 말이란다. 바른말 주간 캘리그래피 행사 때 몇몇 문구를 써서 교실 창문에 붙였는데, 그때 아이들이 가장 많이 고른 말이다. 멋진 말이지만 사람마다 그 해석을 달리할 것이다. 어른이라면 언어적 지식의 빈곤함이 삶의 빈곤을 초래했다고 반성하거나, 혹은 자신의 철학의 부족함을 깨달았을 때 처절하게 인용할 수도 있고, 반대로 스스로의 교양이 공고함을 확신할 때나 정신적으로 풍요로운 삶을 살고 있다고 자신할 때 인용할 수도 있겠다. 하지만 중3 교실 창문에 붙여진 저 말은 소년들의 어떤 해석에서 나온 걸까 사뭇 궁금해진다. 멕시코의 저항가 마르코스의 "우리의 말이 우리의 무기입니다"도 본래 그 말이 나온 절절한 배경은 생략한 채 '우리 서로 말로 죽이기 없기다' 쯤으로 해석되기도 하니 말이다.

20대 딸아이의 고민

20대 초반의 딸아이는 페미니즘의 격동 속에 산다. 너그럽고 순한 남자친구도 있고 다정하고 생각이 많은 오라비도 있지만 그들과도 건널 수 없는 남녀평등에 대한 인식차가 있다. 연애 초반에는 남녀차별에 대한 논쟁으로 싸운 적도 있다 한다. 딸아이가 생각한 해결책은 이랬다. "엄마, 페미니즘 책 좀 소개해줘. 내가 먼저 읽고 남친한테 권하려고." 딸아이와 나는 여성학자 정희진이나 리베카 솔닛의 책을 찾아 읽었고, 아이는 그 책을 남친에게 주었다. 그렇게 딸이 권한 책을 읽고 토론(논쟁)을 펼친 그녀의 남친은 페미니스트 전사로 변신했을까? 그럴 리가. 적어도 본질에서 벗어난 일로 서로를 미워하거나 언성을 높이지는 말자는 선에서 이야기는 마무리되었나 보다. 그러나 나는 그런 회피가 더 두렵다. 논쟁을 피하는 것이 겉으로는 평화로워 보이지만 지뢰를 묻어둔 것이나 다르지 않기 때문이다.

실제로 페미니즘 논쟁 때문에 숱한 커플이 깨지기도 한단다. 남자아이들끼리도 "네 여친 메갈이냐? 헤어져라" 하거나 "헤어진 전 남친은 전형적인 한남이었다"면서 한때 사랑했던 사람마저 페미니즘 논쟁 속에 적대적으로 만드는 현실이다. 그러니 기꺼이 독서토론에 발을 담근 딸애의 남친은 기특하기까지 하다.

하지만 딸아이는 "엄마, 남자들은 왜 그럴까? 남자친구도 그렇고 오빠도 그렇고 여자들이 겪는 고통을 너무 몰라. 페미니즘에 대해 부정적이야"라고 말했다. 그때 내가 들려준 이야기는 두 가지였다. 우선 남편에 대한 얘기였다. "네 아빠가 지금은 세상 천사 같지만, 여성주의적 삶의 태도를 갖게 되기까지 내 입장에선

30여 년의 지난한 투쟁의 과정이 있었다. 많은 성찰과 희생(기득권 포기라는)을 거쳐 거의 '아점마(아저씨지만 아줌마로 살기)'로까지 진화한 아빠가 대단한 거다."

남편은 자타공인 진보적인 사람이지만, 결혼 초에는 그 역시 "내가 밥상은 차려줄 수 있지만 아기 기저귀는 갈지 않을 거야"(밥상 차려준다는 말이 너무 좋아서 그 뒷말은 흘려들었다) 이런 말을 하지 않나, 세탁기가 없어 만삭의 올챙이배로 손빨래를 하는 나를 보고도 모른 척하지를 않나…. 그러던 그가 공부하다가 잠을 쫓겠노라 양말을 직접 빨아보더니 "이렇게 힘든 빨래를 혼자 했던 거군!" 하며 대오각성을 하고 둘째 때는 시키지 않아도 기저귀를 갈아주기 시작했다. 그렇게 슬슬 진화한 남편은 이제 텔레비전 보면서 빨래도 개고 과일도 깎는다. "뭐? 아직도 『82년생 김지영』을 안 읽었다고? 그 남자도 참…" 이럴 때는 그에게서 자매애(?)까지 느껴진다.

나는 이런 말도 덧붙였다. "오빠나 네 남친은 꼴페미니, 쿵쾅이니, 김치녀니, 한녀니 이러면서 여자를 비하하는 사람들도 아니고 페미니즘이라는 말을 오해하는 사람도 아니지 않니? 아무리 노력해도 결코 닿을 수 없는 한계는 있을 거야. 여자들이 수천, 수만 년 겪어온 차별과 고통과 공포를 남자들이 완전히 이해하고 함께 싸운다는 건 무척 어려워. 그렇다고 모든 남자가 적은 아니잖아. 또한 페미니즘이 모든 남자를 적으로 여기는 운동도 아니

잖아. 그들처럼 비록 한계가 있더라도 같은 편인 사람들조차 적
으로 몰아가진 않았으면 좋겠어."

이런 말을 건네는 나도 두 감정 사이에서 갈등한다. 여자로 살
아오면서 당해온 모든 차별과 두려움이 딸에게도 대물림되나 싶
은 공포심에 복수의 칼 입에 물고 소복자락 휘날리며 소나무 사
이를 날아다니고 싶은 마음과, 내 제자들과 아들이 싸잡아 무고
하게 '여혐주의자, 성범죄자' 취급받지는 않았으면 좋겠다는 마
음 사이에서.

한국에서 페미니즘 논쟁은 이제 겨우 목소리를 내기 시작했
다. 이제 시작일 뿐, 우리는 더 많이 싸워야 하고 기득권을 가진
이들은 더 많이 깨져야 한다. 기득권을 누려본 적도 없다고 주장
하는 젊은 남자들의 '억울함'은 남자로서 충분히 누리고 살 줄 알
았던 많은 즐거움들이 차단된 데서 오는 억울함이 아닌지 생각해
야 한다. 자기 아버지 세대는 누렸는데 자기들은 못 누린다는 상
대적 억울함이어서는 안 된다.

페미니즘 싸움은 결코 남녀 대결이 아니다. 물론 출발은 그러
할 수밖에 없지만 궁극에는 인권 싸움이고 정치권력의 싸움으로
확대될 것이고, 이 단계가 넘어가면 새로운 지평이 열릴 것이다.
하필 그 정점에 20대 여성으로 살아가야 하는 내 딸, 하필 그 진
흙탕에 10대 남자사람들과 함께 공부해야 하는 나(물론 이 혹독한
시기에 10대와 20대를 살아가는 남자들에게도 연민을 표하는 바이다)는

고통이 이만저만이 아니지만 말이다. 그러고 보니 모두 고통 받는데 기득권의 달콤한 열매는 도대체 누가 누리는 건지 생각해봐야겠다. 그가 바로 우리 모두의 적이겠지.

김지영과 모성신화

영화 〈82년생 김지영〉을 보고 온 딸이 말한다. "난 남친이랑 같이 볼 생각이 없었거든? 보고 나서 또 싸울까봐 싫다고 했어. 근데 걔가 먼저 보러 가자고 하더라. 영화 보면서 남친은 자기 엄마 생각이 났대. 형제들 때문에 하고 싶은 공부도 못하고 아이들 키우느라 일하고 싶었는데 못해서 아쉬워하셨다고. 나는… 맞벌이 하면서 우리 키우느라 늘 힘들어 했던 엄마가 떠오르더라."

페미니즘 논쟁에 불을 지핀 소설과 영화가 어쩌다 모성신화로 귀결되는지는 모르지만, 치졸한 별점 테러나 혐오적 논쟁보다는 '어머님 은혜'로 접어드는 게 더 나을지도 모르겠다는 생각을 잠깐 해본다. 그나마 영화를 보고 왔다는 30, 40대 남자들이나 딸의 남친처럼 생각이 많은 이들은 숙연해지기라도 하는 그 '엄마' 코드가 미안하지만 지금 학교에서는 음침하고 끈적하게 키득거리는 화두라는 현실에 마음이 무겁다.

"학교에서 공부하다가 땡볕에 밭일 하실 엄마 생각이 났다"는 교과서 시에도, 윤동주 〈별 헤는 밤〉의 "별 하나에 어머니, 어머

니. 어머님, 그리고 당신은 멀리 북간도에 계십니다" 대목을 고즈
넉하게 암송하다 말고, "형태소에는 어근과 어미가 있는데…"를
배우다 말고 "엥? 니 어미?"를 소곤거리는 중2들을 봐야 한다. 사
형 언도를 받은 흉악범도 어머니 이야기에 눈물을 흘리더라는 미
담은 이제 더 이상 세상에 존재하지 않을지도 모르겠다는 생각마
저 든다. 저들에게 '낳아주신 어머니의 숭고함'을 말하면 '그 숭
고한 어머니가 저희를 학원으로 내몬 지 어언 10년입니다' 하는
아이들. 중1 아이가 랩 형식의 시를 썼는데 자기 비하와 자기 어
머니 비하를 듬뿍 담아서 충격 받은 일이 있었다. 부모가 이혼한
후 아빠와 단둘이 살고 있는 아이가 세상 모든 엄마들을 싸잡아
'창녀'로 표현한 일도 있었다. 부모 모두에게 매를 맞는 아이가
엄마는 '미친년'이라고, 죽여 버리고 싶다고 말한 적도 있다(아빠
는 게임을 허용하기 때문에 밉지 않단다). 그런 아픈 사연이 있는 아
이들뿐 아니라 보통의 아이라도 경쟁 세상으로 자기 등을 떠미는
엄마에 대한 원망을 '남의 엄마 모욕 주기'로 풀고 있는 게 아닐
까 싶다.

희망을 희망으로 대체할 수 있길

　말세인가 싶다가 우리 사는 세상이 설사 소돔과 고모라일지라
도 아직 의인이 10명은 있겠지, 아니, 10명의 의인보다 더 막강한

깨어 있는 다수가 연대하려 애쓰고 있겠지, 희망을 끌어올려 본다. 문학평론가 황현산 선생이 말씀하셨다. '희망으로 희망을 대체한다는 생각은 진보주의의 가장 중요한 원리'라고. 욕하는 아이들이 늘고 욕의 강도가 더 세진다고는 하지만 그 흙탕물 안에서도 끝끝내 욕설을 입에 올리지 않는 아이들도 있고, 반마다 포진한 '거친말 대마왕'들을 좋아하지 않는 아이들도 많다. 대마왕들 또한 돌이킬 수 없을 만큼 영혼이 상해서 그런 것은 아니라고 믿는다.

아이들의 언어생활이 교사인 내 탓만은 아니라 위안한다고 부끄러움이 사라지는 것은 아니다. 나는 작은 물방울이 모여 세상을 바꿀 수 있다고 진심으로 믿는 사람이고, 그런 믿음에 근거하여 나의 실천들도 곰실곰실 나아갔다. 그러니 '내가 할 수 있는 일에는 한계가 있었다'는 변명에서 멈추지 않고, 검은 혀를 가진 남중생들과 끊임없이 대화를 나눌 것이다. 토론을 벌이고 자기 말을 돌아보게 하고 아름다운 글을 읽게 할 것이다. 눈을 감고 윤동주의 〈서시〉를 외우던 열다섯 살 소년들에 대한 믿음을 저버리지 않으리라. 그들이 자기 말을 돌아볼 줄 아는 지혜로운 청년으로 자라나리라는.

(vol. 126, 2019. 11-12)

10대 남자들의 말

우리끼리 하는 말이니까 괜찮아

내겐 소중한 친구들이 참 많다. 넓고 깊은 인간관계는 나의 가장 큰 장점 중 하나일 것이다. 소중한 나의 친구들은 종종 말한다. 여자인 누군가(주로 같은 학교 친구)와 싸웠거나 그들이 마음에 안 들 때, "계집년이 문제"라고.

오늘도 그랬다. 초등학교 때부터 우정을 이어온 열네 명의 남자 친구들이 모여 있는 문자 채팅방이었다. 한 친구가 뜬금없이

서한울_ 올해 스무 살이 되었다. 서른여섯 명의 남자 친구들과 하루 열네 시간을 함께 보내던 고2 때 이 글을 썼다. 인권과 교육에 관심이 많으며 일상과 일생을 따뜻한 사람으로 살고 싶어 한다.

"미친년들 때문에 존나 스트레스 받는다"고 하자, 무슨 일인지도 모르는(그가 어떤 일을 겪었는지는 끝까지 알 수 없었다) 다른 친구들이 나름 위로 겸 공감을 얹는다고 다음과 같은 말을 내뱉었다.

"보지에 전구 넣고 깨라."

"보지에 고추 박고 싶다."

"항상 계집년이 문제다."

이런 말들은 이제 들어도 아무렇지 않은 일상적인 표현에 불과했다. 대상은 오직 여자면 그만이었다. '내가 이성적으로 좋아하는 여자 친구' '친구가 좋아하는 여자 친구'부터 '처음 보는 여자'나 심지어 '친구의 엄마'까지. 나는 "그런 말은 사용하지 말자"고 여러 번 얘기했으나 그대로여서 오늘 다시 한 번 이야기했다. '계집년'이 왜 나오냐고. 문제가 있다면 계집, 여자라서가 아니라 그냥 그 개인의 문제일 거라고. 그렇게 쉽게 일반화해서 비난하는 '계집년'이라는 단어에는 사랑하는 우리 가족, 우리의 어머니도 포함되어 있다고 말이다.

문자였지만 내 말투가 차갑게 느껴졌는지, 친구는 "알겠다"면서도 우리끼리 하는 얘기인데 뭐 이렇게 정색을 하느냐고 했다. 그러자 나머지 세 명은 "ㅋㅋㅋㅋ"를 연발하며 무슨 뜻인지 모르게 웃었고, 이어지는 대화에서는 여전히 여성혐오 발언이 이어졌다. 대략 "뭐 이런 걸로 그래"라는 뉘앙스였다. 나는 제안을 진지하게 받아들이지 않는 분위기가 매우 불편했다. 처음에 이야기를 꺼냈던 친구는 뒤늦게 채팅방의 대화를 확인하고선 "다들 왜 그래. 말이 그렇다는 거지"라고 했다.

이기주 작가의 『말의 품격』에는 '언위심성言爲心聲'이라는 말이 나온다. '말은 마음의 소리'라는 뜻인데, 무심코 던진 말 한마디에도 그 사람의 품성이 드러난다는 것이다. 6세기 인도의 시인 바르트리하리는 "언어가 사고를 지배한다"고 주장했으며, 언어와 사고의 밀접한 관계는 '언어인류학'이라는 학문으로도 연구되고 있다. 이토록 중요한 것이 '말'인데, 우리가 내뱉는 수많은 혐오 표현, 인신 공격들이 "말이 그렇다는 거지"라는 한 문장으로 정당화될 수 있을까. 우리는 "우리끼리 하는 얘기니까 괜찮다"는 말로 떳떳할 수 있을까.

물론, 내 친구들이 유난스러운 것은 아니다. 위에 언급한 사례들은 내가 만난 수많은 남학생들에 비하면 덜하면 덜했지 더하진 않다. 지나가는 여자를 보며 "강간하고 싶다"고 하거나, 학교 여선생님들을 대상으로 "그중 누구랑 섹스하고 싶냐"고 서로 묻거나, 화장을 하지 않는 여선생님을 보고 "저렇게 생겨도 생리하냐"는 말들, 이어지는 낄낄거림이 이제는 전혀 놀랍지 않다. 나의 일상에서 공기처럼 자연스럽게 존재하는 외모 비하, 성적 조롱, 여성혐오…. 여성들은, 어른들은 잘 모른다. '진짜' 혐오스러운 그들의 두 얼굴을.

그들은 왜 조롱의 언어를 갖게 되었을까

이유가 뭘까? 우리는 왜 이렇게까지 된 것일까? 내가 생각하는 원인은 두 가지다. 첫째, 도태되지 않기 위해. 동조하지 않으면 또래 집단에서 소외될 수도 있다는 불안감은 점점 더 자극적인 언어를 생산한다. 보다 웃기고, 무섭고, 야한 말들을 그들은 생존을 위해 열정적으로 학습하고 있는 것이다.

예컨대 친구들 사이에서 여자의 성기가 언급되기 시작하면, '성기'라는 말보다 '보지'라는 말이 더 자극적이고, 이보다 '보지에 전구 넣고 깨다'라는 말이 더 자극적인데, 친구들은 보다 충격적이고 새로운 말에 주목하고 웃는다. 나중에 그 말조차 식상해지면 더욱 자극적인 언어를 찾아낸다. 이때 대화에서 아무 말도 하지 않고 가만히 있으면, 그는 대화에 끼지 못함으로써 소외감을 느끼거나 친구들 사이에 유대감을 느낄 수 있는 순간을 놓치게 된다.

우에노 지즈코가 쓴 『여성 혐오를 혐오한다』라는 책에는 이런 말이 나온다. "서로를 남성으로 인정한 이들의 연대는, 남성이 되지 못한 이들과 여성을 배제하고 차별화함으로써 성립한다." 즉, 남성 간의 연대에서 도태되지 않으려면 기본적으로 배제(조롱)가 필요한데, 여기에 '또래 집단'이라는 특수성이 결합되어 배제당하고 싶지 않은 움직임이 극대화되는 것이다.

나 또한 학급에서 친구들에게 페미니즘을 이야기하면서 이 소외감, '배제당함'을 느낀 적이 있다. 여성에 대한 비하나 조롱은 남자들 사이에서 '누구든 동조해야 하는 불문율' 같은 것이었는데, 이에 반대하는 발언을 하면 요즘 말로 '갑분싸(갑자기 분위기 싸해짐)'가 된다. 순간의 정적, 그리고 시작되는 1대 36의 보이지 않는 대립. 나도 처음에는 이러한 남성 문화와 또래 집단에서 소외되고 도태될까봐 두려움을 느끼기도 했지만, 그 말에 문제 제기 하는 것이 옳다는 믿음이 있었고, 주변 사람들(다수의 여성과 극소수의 남성들)의 지지와 응원에 힘 입어 그 두려움을 극복할 수 있었다.

두 번째 원인은 비판적 태도의 결여다. 요즘 청소년에게 가장 필요한 태도가 무엇이냐고 묻는다면, 나는 1초의 고민도 없이 '비판적 태도'라고 답하겠다. 인터넷, SNS에서 사람들의 관심을 끌기 위해 생산되는 높은 수위의 언어를 모방해 사용하는 과정에서 '이런 말로 혹시 피해보는 사람이 있지는 않을까?' '이 단어가 의미하는 바는 무엇일까?' 같은 고민은 총알보다 빠른 속도로 지나쳐버리는 것이다.

유튜브나 아프리카TV(인터넷 방송) 같은 영상 매체를 보지 않으면 요즘 말로 '아싸(아웃사이더)'가 된다고 할 만큼 이 매체들의 영향력은 엄청난데, 이 방송을 진행하는 BJ(또는 스트리머)가 사용하는 언어가 곧 청소년들의 유행어다. 수많은 스트리머가 존재하는 방송 세계에서 살아 남으려면 보다 자극적인 언어가 필요하다. 따라서 욕설은 물론 다양한 혐오 표현이 너무나도 자연스럽게 사용되는데, 이것을 청소년들은 여과 없이 따라한다. 그 단어에 담긴 뜻은 중요하지도, 알고 싶어 하지도 않는다. 그것이 사회적 약자에 대한 혐오 표현일지라도. 그저 앵무새처럼 따라할 뿐이다.

　유튜브나 아프리카TV보다 영향력이 센 SNS에서도 마찬가지다. 나를 포함하여 내가 아는 많은 청소년들은 SNS 게시물에서, 기사 내용보다 댓글을 먼저 읽는다(또는 댓글만 읽는다). 길고 어렵게 쓰인 기사의 내용보다 '다수'가 어떻게 생각하는지가 더 중요하므로, 베댓(베스트 댓글)을 읽으며 사람들의 반응부터 확인하는 것이다. 청소년에게 영향력 있는 페이스북 페이지인 인사이트나 위키트리가 게시하는 페미니즘 관련 게시물에는, 페미니즘을 욕하는 댓글이 언제나 베댓을 차지한다. 그 댓글이 얼마나 신뢰할 만한지는 중요하지 않다. 얼마나 논리적으로 근거를 들어 이야기하는지도 신경 쓸 필요가 없다. 그저 많은 사람이 공감하는 댓글이 곧 '나의 주장'이 되는 것이다.

　청소년들이 영상과 댓글을 무조건 수용하게 되는 이유, 비판적 태도가 결여된 이유는 당연히 교육의 문제로 귀결된다. 사실 우리는 애초에 비판적 태도를 가질 수 있는 기회를 한 번도 가져본 적이 없다. 50분의 수업시간 동안 우리는 질문하지도, 반박하지도 않는다. 교과서나 선생님의 입에서 나오는 이야기는 하나의 의견이라기보다 진리이고, 그 자체로 외워야 할 시험문제다. 일부 선생님이 수업시간에 도입하고 있는 토론식 수업도 한계는 명확하다. 진도는 나가야 하고, 답은 정해져 있다. 학생이 내는 의견은 다르다기보다는 틀렸다고 판정된다. 토론 없는 교실에서 비판적 태도가 생겨나면 그것이 오히려 이상한 일이다.

이렇게 정립된 친구들의 생각은, 내가 몇 마디 호소한다고 해서 바뀌지 않는다. 그들은 자신의 의견이 철저히 다수의 지지를 바탕으로 한 '여론'이자 '진실'이라고 믿기 때문이다. 나의 의견은 인터넷상에서 '좋아요'가 한 개도 달리지 않은 비인기 댓글로 치부될 뿐이다. 친구들과의 논쟁에는 진전이 없고, 사실 나는 지쳐가고 있다. 내가 기자가 되려는 이유도, 매체의 강력한 힘을 일상에서 피부로 느꼈기 때문이다.

내 친구들이, 또는 누군가가 지금껏 무심코 뱉어온 "계집이 문제다"라는 말은, 문제의 원인을 '여성'이라는 엉뚱한 곳에서 찾고 (일반화의 오류), 여성을 비하하거나 혐오하는 발언을 수반하게 된다는 점에서 당연히 해서는 안 될 말이다. 그러나 절대 개인만의 책임이 아니다. 제대로 교육하지 않은 사회의 책임이다. 제대로 된 인권교육, 성교육이 결여된 현장을 살아가는 공허함은 이루 말할 수 없다.

남자로 태어났기 때문에

　그렇다면 나는? 나는 왜 친구들과 다른가. 나 역시 제대로 교육받지 못했는데 왜 문제의식을 느끼는가? 나는 어쩌면 누구보다 많이 여성혐오 발언을 하고, 여성에 대한 수많은 편견에 사로잡혀 있던 아이였다. 그냥 하는 말이 아니라, 진짜 그랬다. 친구들과 좀 다른 점이라면, 사회 이슈에 관심이 많았고 앎에 대한 욕구가 컸다. 특히 학생인권을 접하며 인권에 큰 관심을 갖게 되었고, 관련 강의를 들으면서 인권 감수성이 조금씩 살아났다(인권연구회에서 인권을 연구하는 엄마의 영향도 컸다).

　작년, 하도 사람들이 페미니즘, 페미니즘 하기에 뭐지 싶던 차에, 페미니즘 필독서라는 『82년생 김지영』을 읽었다. 그야말로 충격이었다. 지금껏 여성의 삶, 차별, 불평등 문제에 대해 몰랐고, 전혀 관심을 가지지 않았다는 점에서 스스로에게 환멸을 느꼈다. 내가 무심코 뱉어온 말들이, 누군가에게는 지울 수 없는 상처가 됐을 수도 있다는 생각에 지난 삶을 후회했다. 책에서 접한 여성의 아픈 상황이 떠올라 자꾸만 울컥했다. 그런데 지금 생각해보면 내가 그 삶에 대해 몰랐던 것은 지극히 당연하다. 아무도 가르쳐주지 않았다. 남자로 태어났기 때문에 그런 차별이 있는 줄은 정말 몰랐다. 물론 '무지'로 인한 폭력, 차별이 정당화되는 것은 아니지만, '무지'에서 벗어나게끔 교육하는 것이 사회의 역할이라고 생각한다.

어쨌든 이제라도 그들의 삶을 알게 된 이상 나는 가만히 있을 수 없었다. 독후감을 쓰며 다짐했다. 내 안에 있는 잘못된 고정관념, 관습과 싸우기 위해 페미니즘을 공부하겠다고. 여성이 차별받는 상황에 분노하고, 싸우고, 그들을 한 인간으로 대우할 것이라고. 무심코 수많은 '김지영'을 아프게 하는 삶을 살진 않겠고. 이후 『여성 혐오를 혐오한다』『페미니즘의 도전』『저는 남자고, 페미니스트입니다』『걸 페미니즘』 같은 책들을 읽었고, 여러 곳에서 열리는 페미니즘 강의를 들으러 다녔다.

학급 친구들에게도 『82년생 김지영』을 읽어보라고 추천했는데, 신기한 것은 그들은 책을 읽고도 나처럼 반응하지 않았다는 사실이다. 자신이 몰랐던 부분을 인정하면서도 크게 놀라지 않았으며 자신을 변화시키려 하지도 않는 듯했다. 이미 미디어에 의해 『82년생 김지영』을 "82킬로 김지영"이라고 조롱하며 읽을 가치가 없는 것처럼 말하는 친구도 있었다. 기본적인 인권 감수성의 차이였고, 인권 감수성 또한 교육으로 만들어진다. 남자니까 잘 모르고, 잘 모르니까 알려주어야 한다(남자들은 알려주면 잘 배워야 한다). 가정, 학교, 사회가 함께 말이다.

하지만 내 또래 남성들을 교육하고 변화시키는 것은 쉽지 않을 것이다. 예컨대 고등학교 사회·문화 시간에는 성 불평등 현상을 크게 임금, 직종, 교육 기회, 승진 기회로 나누어 설명한다. 우선 아직 직장생활을 경험하지 못한 우리는 임금, 승진 기회에서의 성 불평등을 이해하기 어렵다. 오히려 여성 쪽으로 치우친 설명이라며 반감을 표하기도 한다(신기하게도 사회·문화, 생활과 윤리, 보건 시간에 성 불평등 현상을 배울 때면 다른 때는 보이지 않던 비판적 태도가 생겨난다). 교육 기회 면에서는 "여아와 남아 중, 대학을 보내려고 하는 것은 남아였다"와 같은 이야기가 나오는데, 요즘은 남녀 상관없이 대부분 대학을 간다. 그나마 눈에 드러나기 때문에 이해할 만한 것이 직종 정도인데, 그마저도 남자 간호사, 여자 군인, 여자 대통령이 생겼으니 큰 불평등이라고 생각하지 않는다. 교과서가 설명하는 성 불평등 현상은 적절한 예시를 이해하기 쉽게 들지도 않고 시대에도 뒤처져 있다.

따라서 남학생들에게 성 불평등 현상은 이미 '과거'이거나 아직 겪어보지 못한 '미래'로 인식된다. "야, 솔직히 요즘엔 여성할당제 같은 역차별이 훨씬 심하지 않냐?"라는 말처럼 그들에게 '현실(현재)'은 애초에 불평등하지 않다. 불평등하다 해도 오히려 남성에게 불평등한 것이다. 이 상태로 세상을 바라보면 페미니즘을 '여성우월주의'로 오해할 수밖에 없다. "불평등하다는데, 차별대우를 받는다는데, 도대체 어디서?" 같은 반응이 일반적이다.

여고에 다니는 친구들 이야기를 들어보면 그 또한 충격적이다. 한국 남성을 비하하는 '한남충'이란 표현을 일상적으로 쓰거나 외모 비하는 물론이고, 아예 한국 남성을 무시하고 상대하지 않으려는 친구들도 일부 있다고 한다. 물론 이런 반응은 기존의 남성중심적인 사회에 대한 저항이고, 남성들이 행하는 여성 혐오와는 양적, 질적으로 다른 것이다. 하지만 서로의 존재 자체를 이유로 말조차 섞지 않으려 하는 현실이 나는 걱정된다. 그저 '여성'이거나 '남성'이라는 이유만으로 서로를 멸시하고 배척하는 현실이. 교육이 바뀌지 않는다면, 이러한 혐오와 갈등은 더욱 심화될 것이고, 돌이킬 수 없는 지경까지 이를지도 모른다.

인권교육이 답이다

우리에게 필요한 인권교육이나 성평등교육은 교과목으로 이루어져서는 별 소용이 없다. 인권에서 중요한 것은 이해와 공감인데, 그저 외워야 할 것으로 인식되는 교육은 절대 가슴에 와닿지 않는다. 또한 일시적으로 이루어져서도 안 된다. 인권 감수성은 단기적으로 형성되는 것이 아니다. 존중과 배려를 체화하기 위해서는 매 학년마다 최소 일주일에 한 시간은 필요하다.

수업 방식 또한 다양성을 존중하는 방향으로 바뀌어야 한다. 학생이 용기를 내서 낸 의견을 교사가 틀린 의견이라고 단정 짓는다면 참여도는 현저히 떨어질 것이다. 그것이 틀렸을지라도 스스로 공부를 통해 자신의 오류를 알아가는 과정이 필요하다. 그리고 이런 수업에는 반드시 남녀가 함께 참여해야 한다. 남녀공

학인 학교에서 서로에 대한 불신, 혐오가 덜한 이유는 서로의 입장을 직접 들을 수 있기 때문이다. "그들의 입장은 이렇다더라"가 아니라, "나는 이렇게 생각해. 나는 이렇게 느껴"처럼 함께 수업에 참여하는 사람들의 생각을 그 자리에서 생생하게 들을 수 있어야 한다.

청소년기에 형성되는 생각이 평생을 지배할 수도 있기에, 교육은 무엇보다 조심스럽고 또 거침없어야 한다. 가짜뉴스와 잘못된 정보가 넘쳐나는 세상에 그것을 분석하고 구분할 수 있는 능력이 처음부터 갖춰진 사람은 없다. 여성 인권, 학생 인권, 노동 인권, 성소수자 인권, 장애인 인권… 인권 없는 세상을 살아가는 우리는 무엇을 위해 존재하는가. 누구나 존중받는 세상을 만들기 위해서는, 인권교육이 답이다.

(vol. 119, 2018. 9-10)

학교 성교육 잔혹사

참, 해도 해도 너무 한다. 한창 자라나는 아름다운 소년들에게 이런 수업으로 마음의 상처를 주다니. 이 성교육의 핵심 내용을 간략하게 요약해 보자면 이러하다.

a=B, a=C ∴ a=B∪C (a=남자, B: 자위 게이지 충만, C: 성욕에 찌든 변태)

A≠B, A≠C (A=여자) ∴ A는 a를 취급주의 할 것

이런 게 국가에서 정해준 교육내용인지 물어오는 소년 이야기 듣고 보니, 나 또한 90년대 그 시절에 학교에서 처음 받았던 성교

윤이희나 _ 탈학교 1세대. '먼저놀아본언니'라는 이름으로 10대 소녀들과 연애에 관해 즐겁게 수다를 떨면서 쓴 글을 모아 『아슬아슬한 연애인문학』을 냈다.

육이 떠오른다. 그래서 한번 톺아보기로 했다. 학교 성교육 그 잔혹사에 대해.

시청각실, 비밀의 문

때는 1990년대 초, 초등학교 아니 국민학교 6학년, 유관순 열사를 유관순 누나로 가르치던 시절. 교과서 그림의 진취적 주인공은 늘 남자였다. 심지어 출석번호마저도 앞자리는 남자애들 차지였다. 어느 날 수업 종이 울리자마자 담임은 말했다.

"남학생들은 이 시간 자습하고, 여학생들만 복도로 나와 줄서."

아무런 사전 설명 없이 줄지어 간 곳의 종착지는 다름 아닌 강당. 아니, 언제부터 강당으로 들어가는 문이 이렇게 비밀스러워졌지. 근데 웬걸, 강당엔 각 반에서 모여든 여자애들이 우글거렸다. 대체 뭘 하려고 남자애들을 따돌리고 강당에 모인 걸까. 우습게도 그건 성교육 시간이었다. 정자와 난자가 어떻게 만나네 하는 성교육을 받기 위해 우린 첩보영화의 엑스트라들이 되었다. 그리고 수업이 끝나기 무섭게 선생님은 우리에게 임무 하나를 더 일러줬다.

"오늘 강당에서 배운 거 밖에 나가서 남자애들한테 말하면 안 된다."

이런 방식의 성교육은 '성'은 감춰야 하는 것으로 우리들 무의식 속에 내면화시켰다. 성장하는 소녀들이 겪는 자연스러운 현상인 생리마저도 부끄러워하고 꼭꼭 숨겨야 하는 일로 취급해버렸으니까. 그래서 성장은 축복이 아니라, 불쾌함이었다. 사실 저 임무 속에 담긴 의미는 '남자애들보다 뭘 좀 안다고 아는 척하면 못쓴다'가 아니라 '여학생들은 앞으로 2차 성징으로 몸의 변화가생길 텐데, 그런 현상은 부끄러운 것이니 숨겨야 한다'가 아니었나 싶다.

성교육은 캔디에게 물어봐!

"거울아, 거울아, 이 세상에서 누가 제일 예쁘니?"

"네, 왕비님… 아니고요, 백설 공주님요."

이런 마법의 거울이 있을까? 진실만을 말해주는 거울. 그런 게있다고 믿었다. 그래서 여자아이들은 조금 겁을 먹었다. "성경험있는 여자애들이 먹으면 사탕 색깔이 변한다! 아니, 사실은 순결을 안 지킨 사람이 먹으면 몸에 반점이 돋는다더라" "사탕 속에정액이 들어 있다더라" 등. 불과 몇 년 전까지만 해도 아이들 사이에 나돌았던 순결캔디 괴담이다. 이런 괴담을 곧이 듣는 아이들은 거의 없었지만, 이런 흉흉하고 어이 없는 괴담이 널리 퍼진건 당대의 성교육 수준을 가늠해보면 어느 정도 이해가 간다.

순결캔디는 '청소년순결운동본부'라는 곳에서 성교육을 하면서 유행시킨 것이다. 90년대에 중고등학교를 다닌 여성이라면 자신이 다닌 학교가 이 단체에 성교육을 의뢰했는지 여부에 따라 순결캔디를 먹어봤을 수도 아닐 수도 있다. 지금은 혼전순결 서약서를 쓰고 순결캔디를 먹는 성교육이 사라졌지만, 그때 간혹 캔디를 먹지 않겠다고 거부하는 애들은 "그럼 아무하고나 자고 돌아다닐 거냐?"라는 황당한 소리를 듣기도 했다.

캔디 봉지 뒷면에 보면 이런 설명이 적혀 있다.

"이 캔디는 우리 사회에 깊이 확산되어가고 있는 각종 퇴폐 요소와 유해 환경으로부터 청소년을 보호하고 순결한 학생상을 정립하여 미래의 이상 가정 및 사회와 국가를 이루기 위해 만든 순결 다짐용 캔디입니다."(근데, 여학생들의 순결을 다짐하는 순결캔디는 있어도, 남학생들의 순결을 다짐하는 동정캔디는 없었다.)

선생님을 위한 변명

사탕을 거부하는 학생에게 "그럼 아무하고나 자고 돌아다닐 거냐?" 하고 말하던 교사. 그 교사 역시 학생들에게 캔디 하나 달랑 먹이는 것으로 애들 성교육에 대한 고민에 종지부를 찍었을 리는 없다. 하지만 이건 정말이지 성교육, 너무 날로 먹으려 드는 거 아닌가. 이해를 돕고자 '이런 성교육'이 탄생한 역사적 맥락을 한번 살펴보자.

한국에서 성교육이 처음 시행된 건 1968년이다. 무더위가 시작되려는 여름, 문교부는 깜짝 발표를 한다. 올 하반기부터 여학생들에게 성교육을 실시하고 점차 남학생에게도 성교육을 하겠다고. 재밌게도 당시 발표를 보면 성교육은 곧 순결교육과 동의어였다. 허나 이때의 성교육은 완전히 실패로 끝나 흐지부지 자취를 감췄는데, 까닭은 일선 학교에서 아예 성교육을 하지 않았기 때문이다. 생물시간에 남녀의 신체구조를 가르칠 때도 서로 어색해했으니까. 1968년 동아일보 기사는 "아주 어색한 분위기 아니면 서로 긴장된 분위기에서"라는 표현을 쓰는데, 생물 교과서에서 배우는 신체구조조차 긴장을 불러일으키는 시대에 뭘 바라겠는가.

그래서 학교 성교육이 본격 시작된 건 1975년이 되어서다. 그해 10월, 서울여고에서 국내 첫 성교육이 이뤄졌다. 당시 성교육 교사의 조건으로 '담임선생으로 존경받는 인물일 것, 반드시 기혼자일 것'이라는 전제가 붙어 있었다. 아무리 아이들의 존경을 받는 교사라도 미혼이면 성교육을 할 수 없었다. 학교에서 처음으로 성교육을 실시한 교사는 수업 후 이런 말을 남겼다고 한다. "성교육은 섹스교육이 아닙니다. 순결교육이지요." 그러면서 그 교사는 딸을 대하는 심정으로 성교육의 목표를 순결교육에 두게 되었다고 말했다.

이 시대 교사들 역시 성교육 잔혹사의 가해자이자 피해자인 셈이다. 40대, 50대, 60대 선생님들의 청소년기를 상상해보라. 1968년 문교부에서 성교육 지침을 내리던 때, 지금 예순 살의 선생님은 18세였다. 생물시간에 인체 그림을 놓고도 서로 긴장하던 열여덟 살 당사자다. 그리고 쉰 살의 선생님이 15세에 받았을 성교육은 "절대 섹스교육이 아닌 순결교육입니다"였다. 그리고 마흔 살과 서른 살의 여성들이 받았던 성교육은 남자애들 몰래 불려가 "여기서 보고 들은 건 다 비밀이다"라는 주의사항까지 들어야 했다. 그러니 늙으면 아무리 깨어 있는 지성이고 싶어도 잘 안 되는 법이다.

진실 혹은 거짓

"엄마, 나는 어떻게 태어났어?"

"응, 황새가 물어다 줬지."

이렇게 임기응변으로 아이의 호기심을 순탄히 넘겼다고 믿는 어른들은 십 년 뒤에 이런 믿음을 고수하고 싶어 한다.

"우리 앤 너무 순진해서 야동 같은 건 안 봐."

"연애를 해도 성관계까진 절대 안 갈 거야."

2008년도 미국 공화당 부통령 후보 세라 페일린 역시 그랬다. 10대 임신 예방을 위한 교육프로그램에 정부 예산을 지원하는

데 반대했고, 콘돔을 학교에서 배포하는 것과 적나라한 성교육을 하는 걸 반대했다. 그러나 자신의 고교생 딸이 임신했다는 사실을 알았을 때, 그 사실을 감추기 위해 몰래 자기 아이로 입양을 시도했다. 뭐 결국은 사실이 밝혀져서 지금은 딸의 아이로 잘 키우고 있지만.

미국에서 부시 대통령 재임 중의 '금욕주의 성교육'은 실패했다. 혼전순결만을 강조한 결과 1991년부터 감소하던 재학 중 15세 이상 소녀의 임신율은 대폭 늘었다. 같은 연령대 소녀들의 매독과 임질 발병, 미성년 남자의 에이즈 발병도 역시 50~100퍼센트 증가했다. 한 연구에서 금욕적 성교육을 받은 학생이 성경험을 할 확률은 그렇지 않은 학생과 별 차이가 없다는 게 밝혀지기도 했다.

10대들에게 필요한 것은 금욕주의가 아니라 정확한 의학적 지식이다. 잔인한 낙태 영상이나 주구장창 보여주는 겁주기식 성교육은, 점점 강도 높은 성행위를 묘사하는 포르노와 뭐가 다른가. 두 가지 영상의 피해자는 결국 아이들이라는 걸 잊지 말자. 겁주기식 성교육에서 오는 불안을 내면화하고, 야동을 보고 관계를 어떻게 풀어야 하는지 모르는 상태로 상대를 오롯이 만나야 하는 상황에 놓인 그들 말이다.

여담이지만, 서울의 A남고 3학년 68명을 대상으로 한 설문조사에서 야동을 처음 접한 나이를 물어봤더니, 최하 6세, 최고 19

세도 있었지만 평균 10세 전후였다(10년 전 자료이니 현재는 더 어린 나이에 접할 가능성이 높을 것이다 _편집자 주). 야동을 처음 접하게 된 계기는 대부분 동네 형이나 친척 형, 아는 형들이다. 아무것도 모르는 자기를 데려다 같이 보게 했단다(아무래도 형님들보다 부모님들이 좀 더 분발하셔야겠다).

'성'은 부모 세대 역시 제대로 배운 적이 없기에 아이들과 어떻게 이야기의 물꼬를 열어야 할지 난감해한다. 학교에서 받겠지 믿고 있지만, 학교 수준은 앞서 이야기한 것처럼 매우 후지다. "우리 애는 아니던데. 학교에서 제대로 배워 오더만. 그리고 집에서 성교육 책도 많이 사줘서 괜찮아요" 하는 부모님이 계시다면, 한 가지만 더 말씀드리고 싶다. 성을 아이들이 접수할 때 그건 '정보'이기도 하지만, 그 정보를 어떤 뉘앙스로 전하는지가 더 중요하다는 것. 아이들은 주변의 어른이 그 주제를 어떻게 다루고 있는지 그 언어가 부정인지 긍정인지 금방 눈치챈다.

10대 자녀를 성적 주체로 인정하지 않는 부모 자신의 내적 장애물부터 넘을 필요가 있다. 자녀와 섹스 얘기를 시도할 때는 텔레비전에서 로맨틱하거나 에로틱한 장면이 나올 때를 활용하는 것도 한 방법이다. 이런 장면이 나올 때면 헛기침하며 채널을 돌려버릴 게 아니라 섹스토크 기회가 왔다고 생각하면 된다. 이야기를 꺼내기 어색할 때는 첫 키스나 연애와 관련된 부모의 이야기를 들려주면서 자연스럽게 말문을 트는 것도 방법이다.

성에 대한 부정적인 인상이 인식의 근원을 차지할 때 성교육이 제대로 이루어지기는 힘들다. 그렇기 때문에 아이들의 성에 대한 교육의 전제는 '내가 성에 대해 어떻게 생각하고 있나'를 미리 점검해보는 것이다. 현실적 방법 한 가지를 살짝 내놓자면, 종이 위에 '성, sex'라 적어놓고 그 단어에 대한 나의 느낌들을 먼저 생각나는 대로 적어봐도 좋다. 부정의 언어가 우세한가 긍정의 언어가 우세한가, 본인 진단부터 내리고 전진과 후퇴를 하며 긍정과 부정의 언어들을 고르고, 사실과 의견을 구분하다 보면 적어도 부정과 질타의 정서로 성이 전달되는 건 막을 수 있지 않을까. '성은 멋지고 아름답고 긍정적인 것'이라는 구호만 외치거나, "인생 막 살거냐. 나 할머니 되기 싫다!" 잔소리만 하지 말고, 연령에 맞는 필요한 지식들을 전해주면 좋겠다. 누누이 말하지만, 노골적이고 현실적인 성교육이 필요하다.

학교에서도 만날 재미없는 비디오만 보여주지 말고, '성교육 비디오'를 공개 입찰에 붙여서 교육받을 아이들에게 투표권을 선사해보시라. 헐리우드 영화 〈내겐 너무 아찔한 그녀〉에서처럼 졸업을 앞둔 선배들이 그동안 자신이 받고 싶었던 성교육 내용을 영상으로 자체 제작해서 후배들에게 교육하는 방법도 좋겠다. 어쩌면 아이들은 그 과정에서 교육부가 그토록 바라는 창의적 자기주도학습을 몸소 구현해 보일지도 모를 일이다.

통계상으로 부모가 정확한 성지식을 알려줄 때 자녀가 성관계를 경험하는 시기가 더 늦어진다고 한다. 자신의 몸에 대한 자기 결정권이 있음을 인지하고 서로를 존중하며 정확한 피임법을 숙지할 때 긍정의 성을 경험할 확률이 높아진다. 끊임없이 아이들을 성적 자극에 노출시키면서 제대로 된 성교육은 하지 못하는 이 잔혹사는 이제 그만 막을 내렸으면 좋겠다.

(vol. 68, 2010. 3-4)

아무도 가르쳐주지 않았던
젠더 감수성

그 친구를(그 사건을) 대하는 법

초등학교 3학년 때였다. 우리 반에는 특별한 친구가 한 명 있었다. 조용하고 한자에 박식한 아이였다. 아홉 살 같지 않은 어른스러운 말투를 사용했고, 종종 혼자 중얼거리거나 이상한 소리를 내는 돌발행동을 했다. 일종의 자폐였는데, 어린 나이에는 잘 모르니 무섭고 낯설었다. 반 친구들은 그 친구와 거리를 두었고, 그 친구는 맨 앞자리에 혼자 따로 앉아 수업을 들었다. 반 친구들은

오창민 _ 지역과 커뮤니티를 위한 공유 자산을 만들어가는 협동조합 '성북신나' 이사장으로 재직 중. 젠더 문제에 관심이 많고, 건강한 인간관계와 조직 문화를 고민하고 있다. 한국여성의전화 성폭력 상담사 과정을 수료했다.

더럽다거나 병균이 옮는다며 그 친구를 더더욱 멀리했고, 몇몇 짓궂은 친구들은 일부러 자극하고 괴롭히기까지 했다. 그 친구는 제대로 반항은 못하고 길길이 날뛰며 자해를 했는데, 그 모습을 보며 나는 불편하면서도 재미있어 했다.

변명처럼 들리겠지만 누구도 우리에게 그 친구가 어떤 상태인지, 어떻게 대해야 하는지 알려주지 않았다. 학교도, 교사도, 부모들도 그 친구의 존재를 인지하고 있었지만, 존재를 애써 무시하는 게 가장 쉬운 방법이었을 것이다. 자폐 증상이 있는 친구를 일반학교에 다니게 한 그 친구의 부모를 탓하는 사람도 있었을 거다.

20년이 지나고서야 알았다. 그것이 한국사회에서 '다름'을 대하는 방식이었다는 것을. 서로 대화하고, 이해하고, 공부하고, 어울리기 위해 노력하는 대신 무시하고, 배제하고, 쫓아내는 게 훨씬 효율적인 방식이라는 게 이 사회의 암묵적인 룰이었다. 문제아, 관심 병사, 사회 부적응자, 소수자…. 중고등학교에서도, 군대에서도, 사회에서도 초등학교 때와 비슷한 상황은 계속되었다.

중학교 때는 기숙형 대안학교를 다녔는데, 졸업을 앞둔 시점에 교내 성폭력 사건들이 한꺼번에 폭로되었다. 그 당시 학교가 사건에 대처한 방식은 충격적이었다. 피해자의 치유와 회복, 가해자의 징계, 재발 방지를 위한 대책 마련 중 어느 것 하나 제대로 이루어지지 않았다. 전교생 앞에서 피해자가 본인의 피해 사실을 고백하게 했던 모습은 지금도 잊을 수 없는 경험이다.

지금도 그렇지만 15년 전에는 조직 차원에서 성폭력 문제를 다루는 제도나 경험이 있는 단체가 거의 없었다. 진보적인 집단이라도 별반 다르지 않았고, 학교도 마찬가지였다. 대부분 3학년이었던 가해자들은 한 달 뒤에 학교를 졸업했고, 그 사건이 어떻게 마무리되었는지는 기억나는 게 없다. 피해는 고스란히 피해자 개인이 감내해야 했고, 15년이 지난 지금도 여전히 많은 사람들의 마음에 상처와 충격으로 남아 있다.

2014년에 대안학교 졸업생들을 대상으로 연구를 진행했는데, 당시 인터뷰했던 대부분의 졸업생들이 제대로 된 성교육을 받은 적이 없다고 했다. 나 또한 일 년에 한 번 임신과 피임에 대해 간단한 성교육을 받은 것이 전부였다. 많은 대안학교에서 입시 경쟁과 자본주의 경제의 한계를 극복하는 것을 '대안'으로 삼고, 환경과 평화, 공동체주의라는 가치를 지향하고 있지만 한국사회의 병폐 중 하나인 젠더 문제나 반성폭력까지는 품지 못했던 것 같다. 성장기의 낮은 젠더 감수성은 성인이 되어서도 고스란히 이어진다. 아무런 문제의식 없이 대학과 군대, 직장 생활을 거치고 나면 낮은 젠더 감수성은 고착화된다. "술은 여자가 따라야 맛있다" "여자 나이 서른이면 상장폐지다" 같은 성차별적인 말을 아무렇지 않게 내뱉는 개저씨(개+아저씨의 합성어)가 되는 건 시간문제다.

같은 곳에 살지만 다른 곳에 서 있는

군 복무 시절 상병 때였다. 휴가를 나오면 서울에서 자취하는 여동생 집에서 지내곤 했다. 그날도 늦게까지 놀다 지하철 막차에서 내려 동생 집으로 가는데, 앞에 한 여성이 걸어가고 있었다. 뒤에서 따라 오는 내 인기척이 신경 쓰였는지 이따금 힐끔힐끔 돌아봤다. 휴가 나온 군인이라 모자를 푹 눌러쓰고 있었는데, 스스로 생각해도 좋은 인상은 아니었다. 그 여성은 걸음에 점점 속도를 내더니 집 앞 골목에 다다르자 황급히 집으로 뛰어 들어갔다. 처음 겪는 일이라 황당하고 미안하기도 하고, 오해를 받아 기분 나쁘기도 했다.

그 길로 동생 집에 들어갔는데, 이번엔 동생이 잠결에 인기척을 느끼고 소스라치게 놀라 비명을 질렀다. 혼자 사는 집에 미리 연락도 없이 불쑥 찾아갔으니 놀랄 만도 했다. 아직도 그때의 동생 목소리를 잊을 수 없다. 20년 넘게 살면서 한 번도 들어보지 못한, 공포와 두려움에 질린 목소리였다. 내가 아니라 진짜 괴한이 침입한 상황이었다면 어땠을까 생각하니 등골이 서늘했다.

나는 이 경험을 통해 두 가지 사실을 알게 되었다. 내 의도와 상관없이 '남성'인 내가 누군가에게 위협이 될 수 있다는 것과 많은 여성들의 일상이 위험에 노출 되어 있어 그로 인한 불안과 두려움이 크다는 것이다.

나는 한국이 치안이 잘되어 있는 나라라고 생각했다. 밤늦게 돌아다녀도, 외박을 해도, 혼자 자취를 하거나 여행을 다녀도 아무 문제가 없었다. 하지만 동갑내기인 내 여성 친구들은 상황이 달랐다. 같이 술을 마셔도 밤 10시가 넘으면 빨리 들어오라는 부모님의 전화를 받았고, 혼자 택시를 타는 것도, 계산을 위해 신용카드를 내미는 것도 불안한 일이었다. 성폭력은 뉴스에서나 보는 먼 이야기라고 생각했는데, 크고 작은 성폭력 경험이 있는 여성들은 내 주변에도 상당히 많았다.

몇 년 전 여동생이 담배를 피우는 걸 엄마가 알게 되었는데, 엄마는 펄쩍 뛰며 반대했다. 동생도 이미 성인인데, 흡연을 반대하는 엄마를 이해할 수 없었다. 그래서 내가 담배를 피워도 반대할 거냐 물었더니 나는 남자라서 괜찮다고 했다. 여성은 임신하니까 안 된다는 논리였다. 임신은 여성 혼자 하는 것도 아니고 모든 여성이 다 임신하는 것도 아닌데 말이다. 이처럼 '여성'이라는 이유로 차별이나 제한을 받는 사례는 일상 속에서 어렵지 않게 찾을 수 있다.

내 안의 작은 젠더 감수성 깨우기

나의 경우, 젠더 문제에 관심을 가지고 되고 공부하게 된 가장 큰 계기는 연애였다. 일련의 실패가 이어지면서 내가 얼마나 부족하고 한심한 사람인지 알게 되었다. 지난 과정을 회고하면서 어떤 말이 상대에게 상처를 주고, 어떤 행동이 상대를 서운하게 하고, 어떤 태도가 관계를 더 건강하게 만드는지 오랜 시간에 걸쳐 반성했다. 그 과정에서 좋은 답을 찾을 수 있게 도와 준 것이 페미니즘이었다.

페미니즘은 화난 여성이 사납게 소리 지르는 게 아니다. 한국 사회의 뿌리 깊은 성차별과 성폭력의 구조를 바꾸기 위해 스스로 불편함을 감수하는 사람들을 페미니스트라 부른다. 누구도 차별 받지 않는 일상, 모두가 존중 받는 사회를 만드는 것이 목적이다. 가깝게 자신의 주변에서부터 작은 차별과 폭력을 몰아내는 것을 실천하면 삶은 한층 더 풍요로워질 수 있다.

어디서 출발해야 할지 모르겠다면, 내 일상을 돌아보는 것부터 시작하자. 왜 명절날 그 많은 음식과 설거지는 여자들이 다 하는 걸까? 업계의 신입은 여성이 훨씬 많은데, 왜 경력직이나 고위직엔 여성이 거의 없는 걸까? 나는 하루에 몇 번이나 누군가의 외모에 대해 이야기할까? 꼬리를 무는 의문 속에서 지극히 평범했던 일상이 불편해지기 시작한다면 이미 준비는 끝난 것이다.

(vol.107, 2016. 9-10)

공동체가 성폭력을 직시하려면

그 일을 무어라 부를 수 있을까

한 뇌과학 연구자는 트라우마를 "아주 힘든 일을 겪었을 때, 누구에게도 말할 수 없거나 주변에 아무도 없었던 경험"이라고 정의했다. 최근에 친구가 내게 물었다. "시공간을 거슬러서 어디든지 가볼 수 있다면 언제 어디로 가고 싶어?"

잠깐 고민했지만 나는 그 일을 경험하지 않았던 어린 나로 돌아가고 싶지 않았다. 그 일을 겪은 뒤 나는 힘들어하는 누군가에

신민하 _ 농사짓는 교육공동체에서 지내다 그곳을 나와 지금은 자신이 어떤 가치를 추구할 때 즐거운지 탐색하고 있다.

게 말을 건넬 수 있게 되었다. 내 시선과 타인의 시선이 다를 수밖에 없다는 것을 뼈저리도록 느끼면서도 서로 상처주지 않는 방법을 연습하게 되었고, 무엇보다도 내가 무엇을 원하는지를 살피며 스스로의 마음을 돌보는 법을 배우게 되었다.

2년이 넘는 시간 동안 내가 당한 것이 성폭력이었을 리가 없다고 믿고 있었다. 그는 내 담임이자 교장선생님이었다. 7년 동안 멘토에 가까운 사람이었다. 학교 혹은 공동체인 그곳에서 나는 자급자족하는 삶을 꿈꾸며 그를 믿고 따랐다. '그것'이 사랑이 아니고 성폭력이라는 말로 불릴 수 있다는 사실을 나는 한 번도 생각해본 적이 없었다. 그는 오랜 시간에 걸쳐 내가 자신을 사랑한다고 믿게 했으니까.

당시의 그것은 성폭력이 아니었을지도 모르지만, 지나고 보니 성폭력이 아닌 무엇으로는 설명할 수 없었다. 그래서 누구한테라도 말하고 싶었지만 누구에게도 말할 수 없었다. 가장 힘들었던 건 그 관계를 '무엇'이라 설명할 수 없는 답답함이었다. 그 일을 무엇이라 부를지 스스로도 설명할 수 없었기 때문에. 공동체를 나온 뒤에도 '왜 나에게 그런 일이 일어났을까' 되뇌기만 했다.

부모님이 조심스럽게 상담을 받아보지 않겠냐고 했다. 도움이 필요하다고 느끼던 차였다. 상담자를 만나 "'그것'을 무어라 부르면 좋을지 알고 싶다"고 말했다. 나는 스스로 그곳을 나왔으면서도 엄청난 박탈감과 불안에 시달리고 있었다. 상담실은 나 스스로를 학대하거나 죄책감을 갖지 않으면서 경험을 풀어놓고 들추어볼 수 있는 안전한 공간이었다.

"모든 성폭력은 권력관계를 기반으로 일어난다"는 말이 무슨 뜻인지 내게 서서히 스며들었다. 그와 나의 관계를 권력을 중심으로 살펴보기 시작했다. 그는 자신의 학생이었던 나의 신뢰를 이용했다. 나는 그것을 원하지 않는다고 분명히 말했지만, 한편 믿고 따르는 선생님이 나를 잘못된 길로 이끌 수도 있다고 상상해본 적은 없었다. 나는 공동체를 사랑했고, 그와 공동체를 분리해서 생각하지 못했다.

상담 받은 지 몇 달이 지나서였다. 공동체의 한 구성원으로서 내가 그를 피하기란 불가능에 가까웠다는 사실을 깨달은 것은. 그는 내가 저항하지 못하게 물리적인 힘을 가하지 않았지만, 그럼에도 나를 압도하는 무형의 힘이 작용한 것은 나의 성적 자기 결정권을 침해하는 행위였다.

'그것'이 내게 어떤 일이었는지 표현할 단어를 찾으려고 애쓰면서 페미니즘을 만났다. 페미니즘의 언어로 내가 겪은 일을 설명하는 것은 명쾌했다. 그의 말에 의하면 '사랑'이었던 시간들은 성추행이었다가 일종의 성착취가 되기도 했고 이윽고 '그루밍 수법을 이용한 위계에 의한 성폭행'이 되었다.

한두 번이 아니라 오랜 시간 폭력인 줄도 모른 채 지속된 관계. 야스토미 아유미의 『누가 어린왕자를 죽였는가』를 읽으며 내가 겪은 일이 어떤 형태의 성폭력인지 규정할 정확한 단어를 찾아냈다. 저자는 장미에게 길들여진 어린왕자를 정서적 학대(모럴 해러스먼트, moral harassment)의 피해자로 해석했다. 왕자가 장미로 인해 괴로워할 때마다, 장미는 오히려 그것이 왕자의 잘못이라고 죄책감을 심어줬다. 그런 왕자에게 여우는 "길들인다는 것은 관계를 맺는 거야"라며, 명백히 주체가 있는 '길들인다'는 말을 '관계를 맺는다'는 방향성이 없는 말로 조작했다. 결국 왕자는 "내가 길들인 것에 책임을 져야 해"라며 장미에게 돌아가기 위해 스스로 목숨을 끊는다. 책의 마지막 부분을 읽으며 내가 그 늪에서 무사히 빠져나왔다는 사실이 그렇게 다행일 수가 없었다.

그들을 돕는 적절한 방법

스스로를 성폭력 피해자로 규정짓기까지는 아주 오랜 시간이 걸렸지만, 그것을 성폭력이라고 부르게 된 순간부터 가해자의 어떤 행동도 나를 울거나 주저앉게 만들지 못했다. 오히려 나를 휘청이게 만든 것은 가깝다고 생각했던 사람들의 비난이나 평가, 혹은 조언이었다.

부모님은 세상 누구보다 나를 위하고 사랑한다며, 자신들이 권하는 방법대로 내가 의연하게 이 일에 대처하길 바랐다. 스스로 정리해내기도 전에 부모님은 나를 성폭력 피해자로 대했고,

나는 막연하게 성폭력 피해자라고 생각할수록 사회적으로 매장된 것 같아 점점 무서워졌다. 부모님은 사랑하는 딸이 겪은 일이 무엇인지 알아내기 위해 백방으로 뛰어다녔다. 그런 부모님을 보면서 더 이상 대화를 할 수가 없었고 그렇다고 새로운 사람들을 믿을 수도 없었다. 지독히도 외로웠다.

어떤 사람은 나를 지지한다고 말하면서도 가해자가 성폭력을 저지르지 않았다고 믿고 싶다 말했다. 당사자인 나조차도 그렇게 믿고 싶었던 시간이 몇 년이었다. 가해자는 이미 20여 년이나 그 지역에서 신뢰를 쌓아온 사람이었다. 한 친구는 "공동체 망신시키려고 그러느냐"며 갑자기 연락을 끊었다. 또 다른 친구는 "네가 뭘 바라는지 모르겠다. 네가 휘두르는 칼에 다치는 사람이 있다는 건 알고 있냐"며 내가 청한 도움을 거부했다.

어릴 때 성교육을 받으면 강사가 그랬다. 나쁜 아저씨가 만지려고 할 땐 "싫어요! 안 돼요! 이러지 마세요!" 외치라고. 하지만 최근의 성교육 강사는 다르게 말한다. "스스로 통제할 수 없는 상황이 발생했을 때, 살아남을 수 있는 방법으로 움직이라"고. 그 순간 자신을 보호하기 위해 어떤 행동을 했더라도(혹은 하지 않았더라도) 그건 피해자의 잘못이 아니다. 하지만 위기의 순간에 '얼어붙는' 사람들도 있다. 위험 신호를 알고도 대처할 능력이 마비되는 것이다. 그러니 피해자에게 왜 그랬느냐고 물을 게 아니라, 우리는 가해자를 향해 물어야 한다. 왜 그랬느냐고.

성폭력은 '씻을 수 없는 상처' '치유될 수 없는' 경험이 아니다. 적절한 도움과 시간이 주어지면 치유되기도 한다. 하지만 피해자를 구체적으로 도와줄 수 없다면 그의 이야기를 잘 들어주기만 해도, 아물지 않은 상처를 긁지만 않아도 도움이 된다. 아직 그것을 정의하지 못했을 때 가장 절실하게 필요했던 건 '내 말을 있는 그대로 들어줄 수 있는 사람'이었다. 일본에서는 성폭력 피해 사실을 알았을 때 부모나 선생님보다도 전문기관, 전문가를 먼저 찾으라고 가르친다고 한다. 가까운 부모나 교사라고 해도 어떤 조치나 대응이 가장 적절한지 모르면 오히려 상처가 깊어질 수 있기 때문이다.

어떤 사건을 두고 그것이 성폭력인지 아닌지를 가리는 하나의 기준은 없다. 가해자는 가해자대로, 피해자는 피해자대로 자신이 겪은 일을 자신의 언어로 재구성해낸다. 역사에는 그것을 겪은 사람 수만큼의 진실이 있다고 누군가 그랬다. 두 가지 진실이 대립할 때, 다양한 해석과 담론의 장이 펼쳐질 수 있다. 단, 약자를 보호할 수 있는 안전장치가 반드시 필요하다. 그 일을 공론화한 순간부터 경험의 당사자는 그 두 사람이 아니라 공동체의 모든 구성원이다. 공동체의 구성원으로서 자신의 욕구가 존중받는 장이라는 믿음이 있다면, 피해자도 자신의 경험이 공적으로 어떤 의미를 가지는지 기꺼이 해석할 용기를 낼지도 모른다.

한편, 어떤 친구들은 "얘기해줘서 고맙다"면서 필요한 일을 애기하면 돕겠다고 했다. 한국여성의전화에서 내 일과 관련된 카드 뉴스가 올라왔을 때는 SNS를 통해 열심히 퍼날라 주기도 했다. 세어보면 열 명도 채 안 되지만, 나는 더 이상 혼자 고민하고, 고소라도 당할까봐 전전긍긍하며 단어 하나하나를 고쳐 쓰지 않아도 되었다. 나의 사회관계망을 다시 엮으며, 살아남을 수 있을 거라는 확신이 들기 시작했다.

내가 겪은 일을 자신의 일처럼 공감해준 친구들과 수다를 떨었던 첫 모임에서였다. 친구들도 자신이 겪은 크고 작은 폭력적인 경험들을 이야기했다. 그것들을 성폭력이라 부를 수 없을지는 모르지만, 그 모든 일들이 학교에서 겪은 폭력적인 상황이라는 점은 같았다. 일반적인 폭력사건이 드러나면 부끄러움은 가해자의 몫이지만, 성폭력의 경우는 그 화살이 피해자에게 돌아온다. 피해자임을 밝히는 순간 질타 어린 눈빛과 조언인지 비난인지 알 수 없는 말들을 고스란히 받아야 한다. 그 화살을 견디게 해주는 힘은 비록 한 가닥일지라도, 공감 어린 끈인 것 같다.

대안교육 현장은 어떤가

대안학교마다 추구하는 가치는 다를 수 있겠지만, 적어도 내가 대안학교에 기대한 것은 학생의 의사와 자발성을 존중하는 것이었다. 나와 대안학교 졸업생인 친구들이 겪은 사건들을 유형

별로 나눠보면, 여학생 화장실 훔쳐보기, 몰카, 데이트 폭력, 유사 강간, 성추행, 성희롱, 성폭력, 혐오나 차별 발언 같은 것이었다. 어디서든 있을 수 있는 모든 일이 그곳에서도 일어났다. 단연 사회의 축소판이라고 할 만하다.

이런 일이 발생한 경우, 간혹 아하청소년성문화센터 같은 전문기관의 도움을 받아 해결하는 경우도 있었다. 정말로 피해자의 회복을 위해 무엇이 필요할지 다 같이 고민하는 학교도 있었지만, 정말 극소수였다. 인가 받은 대안학교는 교육부의 학교폭력처리 가이드북 지침을 따랐다. 그러나 매뉴얼이 있다고 피해자가 그만큼 빠르게 치유될 수 있었느냐면 그것도 아니었다. 오히려 구성원들에게 2차 피해가 돌아올까봐 사건에 대해 말하기 자체를 꺼리는 부작용도 있었다.

비인가 대안학교의 경우 어떤 문제가 발생해도 교육부에서 아무런 개입을 하지 않는다. 제도 바깥의 학생들이 보호받기 어렵다는 게 이런 것인 줄 알았다면, 나는 대안교육을 선택하지 않았을 거라는 생각도 들었다. 내가 만나본 대안학교 졸업생들은 그곳에서 젠더 이슈가 충분히 그리고 안전하게 논의되지 않았다는 데 동의했다. 인가, 비인가를 떠나 누구나 자신이 속한 교육현장에서 보호받을 수 있어야 하는 것 아닐까?

성폭력 사건을 겪고 있는 학교나 공동체에서 '피해자의 요구가 수용되느냐, 마느냐'보다 더 중요한 것은 '그러한 일이 다시 일어나지 않도록 하기 위해 우리는 무엇을 할 것인가?'를 고민하는 분위기라고 생각한다. 피해자로서 나는 '세상에 대한 안전감을 회복하기 위해 무엇을 원하는지' 고민했다. 그리고 공동체의 구성원들이 나의 이야기를 들어주고, 왜 문제를 제기했는지 공감해주길 바랐다. 이 사건을 해결하기 위해 우리가 어떤 가치를 중심에 놓고 있는지, 함께 고민하고 이야기하길 바랐다.

어쩌면 다른 구성원들의 지지 속에 다시 안전하게 공동체에서 살 수 있었을지도 모르지만, 나에게는 그런 일이 일어나지 않았다. 진심이 담긴 사과도 명예회복을 위해 꼭 필요한 행위였지만, 그런 일 또한 일어나지 않았다. 어느 순간, 사과받기를 포기했다. 이 일을 넘어서서 앞으로 나아가고 싶은 마음이 더 크다고 느끼면서였다. 앞으로 다시 그가 교육자로 나서려 한다면 막아설 것이지만, 일단은 이 '잠깐 멈춤'이 누가 강요하거나 권유한 것이 아니라는 점이 중요했다.

삶에 필요한 성교육은 어떤 걸까

최근 SNS에서는 자신이 대안학교에 다니며 겪은 성추행, 성희롱, 차별과 혐오 발언을 고백하는 졸업생들의 목소리가 등장하기 시작했다. 대안학교 학생 중심으로 꾸려진 '대안학교 페미니스트 네트워크'라는 모임에서는 '우리가 바꾸는 성교육'이라는 주제로 프로젝트를 진행해 자료집을 만들고, 결과를 공유하는 자리를 열기도 했다. 나는 그들을 직접 알진 못하지만 이런 행동의 원동력은 '다시는 같은 일이 반복되지 않기를' 바라는 당사자의 마음에서 비롯되었으리라고 감히 짐작해본다. 나 또한 그랬으니까.

공동체는 "구성원들이 공동의 가치에 동의하고 자발적으로 모인 결사체"로, 공동체에서 일어나는 성폭력은 지하철 같은 데서 우연히 경험하는 성폭력과는 다른 종류의 고통을 초래한다. 함께 해온 사람들에 대한 신뢰와 그 속에서 활동해온 자신에 대한 신뢰가 위협받는 상황에서 그 사건에 대해 객관적으로 인식하기란 쉽지 않다. 자신과 공동체에 대한 방어기제가 작동하여 문제를 외면하거나 합리화하거나 스스로 변명하게 되기도 한다.

피해자뿐만 아니라 공동체 구성원들 또한 그런 심리 상태에서 문제를 얼버무리기 쉽다. 그런 상황은 다시 피해자에게 2차 피해로 작용한다.

상담을 거듭하면서, 공동체에서 일어나는 성폭력 사건은 문제를 제대로 인식하기도 어렵지만 문제를 풀어가는 과정도 일반적인 성폭력 사건과는 달라야 함을 알게 되었다.

"어떤 면에서 공동체 성폭력 사건은 '조직문화'가 허용해왔던 남성중심적 문화의 누적에 대한 문제 제기이기도 하다. 따라서 성폭력 '사건'의 해결은 그러한 '사건'을 낳은 조직문화에 대한 성찰과 변화를 요청하는 것과 연결될 수밖에 없다."_ 〈공동체, 성폭력을 직면하고 다시 사는 법〉, 한국여성민우회 성폭력상담소

학교는 무척 정치적인 공간이다. 교육의 세 주체라는 교사와 학부모, 학생 사이에는 여러 유형의 권력관계가 작동한다. 대표적으로는 교사와 학생 관계이지만, 교사와 학부모, 부모와 자녀, 선배와 후배, 남성과 여성, 장애인과 비장애인, 퀴어와 이성애자, 평교사와 교장 등 다양한 유형의 권력관계가 개인들 사이에도 스며들어 있다.

학교폭력 역시 권력관계를 기반으로 발생하므로, 매뉴얼만큼이나 중요한 것은 '무엇이 폭력으로 작용하는지'에 대한 인식이다. 나에게 당연한 것과 당연하지 않은 것, 다른 사람에게 당연한 것과 당연하지 않은 것을 감지하고, 섣불리 충고나 조언을 하거나 평가하고 판단하지 않아야 한다. 매 순간 나(혹은 타인)의 느낌을 확인하기까지는 시간이 걸리고, 평가하지 않는 것은 어렵고, 익숙하지 않은 사고는 불편하다. 허나 나에게는 그게 사회에 대한 신뢰를 회복할 수 있는 방법이었다.

자신이 어떤 성에 끌리는지 탐구하기, 살면서 자신의 몸을 긍정하고 생애주기별로 어떻게 돌보아야 하는지 배우기, 성교육 시간에는 이런 것들을 일상적으로 탐구하고 배울 수 있으면 좋겠다. 지구상 어디에도 성폭력으로부터 안전한 공간은 없다지만,

교육현장이라면 학생들이 성폭력 사건을 겪더라도 그 경험에 사로잡히지 않고 다시 그 이후의 삶을 그려나갈 수 있도록, 어디서 어떤 도움을 받아 다시 일어설 수 있는지를 배우길 바란다. 그래도 자발성과 자율성이 작동하고 있는 대안학교라면, 작지만 다양한 변화를 만들어낼 수 있지 않을까?

(vol. 122, 2019. 3-4)

"나는 젠더의식이 부족한 교사다"

'텔레그램 n번방' 사건을 접하며 기사를 끝까지 읽을 수 없을 만큼 몸이 굳고 밤새 공포감에 시달렸다. 곧 예순을 바라보는 여성인 내가 이 사건 앞에서 보인 반응은 이렇게 몸으로 왔다.

고개를 숙인 18세 범죄자는 평범한 10대의 얼굴이었으며 범죄자의 담임이 오랫동안 겪었다던 고통 역시 정도의 차이가 있을 뿐 그리 낯설지 않았다. 이 사건으로부터 한 치의 거리도 둘 수 없을 만큼 격한 감정에 휩싸였다. 내가 겪은 크고 작은 성폭력의

박상옥 _ 남들보다 조금 늦게 시작한 교직 생활 18년째. 교사가 벼슬도 아니고, 교사가 된다고 어른인 것도 아니며, 나이 든 교사라고 더 낫다고 할 수 없으니 민망해서 책만 읽고 생각만 많아지는 중이다.

기억과 교실에서 눈을 맞추던 여학생들, 그리고 남학생들의 얼굴이 뒤섞여 통증을 일으키는 듯했다. 나는 n번방을 들락거린 26만 명의 남자들을 '교육'했던 고등학교 교사 중 한 명이다. 또한 수많은 피해자가 만났던 교사 중의 한 명이기도 하다.

'범죄자 속에 나의 제자가 있으면 어떡하나' 하는 생각이 스쳤지만, 다음 순간 '피해자들'을 떠올리자 가슴이 철렁했다. 그들의 고통에 생각이 닿아서라기보다 내가 지금 이 사건에 대하여 누구를 걱정하고, 누구와 동일시하는지, 그리고 무엇을 무서워하는지, 나의 의식 수준을 드러낸 것 같아 순간 당황스러웠다. 나는 아직도 멀었나 보다.

지금 필요한 성교육

미투 운동 이후, 특히 이번 사건을 보면서 학교에 '올바른 성교육'이 필요하다는 목소리가 크다. 정부의 성교육 가이드라인은 사실상 폐기되었다 보고, '진전된 논의가 담긴 성교육', 분명하게는 '젠더평등'을 지향하는 성교육이 필요하다는 주장에 진심으로 공감한다.

그러나 이런 방향으로 학교 성교육이 바뀌려면 반드시 선행되어야 하는 질문이 있다. 학교를 거쳐간 수많은 성범죄자들이 받았을 성교육뿐만 아니라 문제의식 없이 성차별을 가르쳐온 교사들과 성차별적 학교 구조를 제대로 진단해야 한다. 교사들이 지금 요구되는 성교육을 담당할 수 있는가. 교사들의 성인지 감수성은 신뢰할 수 있는가. 교사 대상의 성인지 감수성 교육은 효과가 있는가. 이런 눈으로 바라본 나와 학교 안은 여전히 불안하다.

학교에는 이미 높은 수준의 성평등 의식을 가진 학생들이 많다. 여학생들을 중심으로 페미니즘을 공부하며 페미니스트로서의 실천 또한 크게 늘었다. 어느 날은 교내 곳곳에 브래지어가 설리고, 또 어느 날에는 붉은 생리대가 벽을 장식하기도 한다. 속옷이 보인다는 지적을 받은 여학생이 '내 몸은 선생님의 성적 대상이 아니다'라고 항의하고, 생리를 테마로 전교생 콘서트를 열기도 한다. 한편에서는 자신들을 잠재적 가해자로 보지 말라는 남학생들의 항의와 생활 전반에서 성인지 감수성을 요구하는 여학생들 사이의 갈등도 점점 깊어진다.

이런 상황에서 교사들 대부분은 당황스러워하며 무조건 조심하자는 식의 방어적인 태도, 혹은 문제가 되지 않을 정도의 행동 매뉴얼을 요구하는 수준으로 반응한다. 자신의 성인지 감수성을 검열하고 연수를 쫓아다니면서 치열하게 문제에 직면하고 있는 교사들도 있는데, 소수의 여교사들이다.

2017년 겨울, 어느 교사연수에서 학교 성차별 문제를 공론화하며 싸우는 교사들을 만났다. 그해 여름 인터넷매체에 올라온 인터뷰 영상 하나가 학교 성평등 운동의 신호탄이 되었다. "왜 학교 운동장엔 여자아이들이 별로 없고 남자아이들이 주로 뛰어놀까요? 이상하지 않아요?" "아이들은 가정이나 사회, 미디어에서 여성혐오를 배우는데 그게 어떤 의미인지 알려주는 사람이 없어요. 그대로 사회에 나가면 차별하거나 차별당하는 사람으로 자랄 거예요." 연수에서 영상 속의 최현희 선생님을 만났다. 선생님은 학부모단체와 교육청이 나서서 파면을 요구하고 신변의 위협을 받는 등 무차별 공격을 받고 있었다. '과격한 페미니즘 사상을 가진 여자'가 '페미니즘 교육으로 아동학대를 한다'며 검찰에 고발까지 당했다.

연수가 진행되는 동안 나는 크게 당황했다. 우선 학교 곳곳을 성차별의 시각으로 바라볼 수 있다는 새로운 접근에 놀라고, '성평등'이란 구호가 80년대의 '독재 타도' 이상으로 이 시대에 '위험한 것'으로 취급받는 현상에 놀랐다. "가장 심한 탄압이 자행되는 곳이 그 시대의 진보"라는 최현희 선생님의 일갈, 그리고 그날 한 남교사가 여교사들을 향해 "태도가 불손하다"고 공격했을 때 본능적으로 내 몸이 위축되는 현상을 고스란히 느끼면서 나는 성차별 저항의 흐름에서 더는 비켜설 수 없는 존재가 되었다.

이제야 보이는 것들

나는 비로소 학교의 구조뿐만 아니라 스스로의 성인지 감수성에 대해 질문을 시작할 수 있었다. 돌이켜 보니 내가 했던 몇 가지 행동은 지금 같은 상황이라면 고발을 당할 수도 있을 만큼 심각했다. 이제야 정리해보면, 나는 넓은 의미의 '인권' 개념 이외에 특정 성별의 인권을 고려할 이유가 없다고 생각한 것 같다. "휴머니즘이면 되지, 왜 꼭 페미니즘이냐" 하는 주장을 일찍이 알았더라면 이 협소한 시각이 나의 신념이 되었을지도 모른다. 어쨌든 나의 이런 생각은 교육이라는 이름으로 학생들에게 전달되고 교칙 적용이나 문제해결에도 반영되었을 것이다.

돌이켜 보니 성인지 감수성이 부족한 나 같은 교사는 여학생뿐만 아니라 남학생들, 성소수자 학생들에게 때때로 명백한 가해자가 되었다. 왜곡된 성인식과 성역할, 그리고 성적으로 무지한 태도들이 교육 전반을 지배했지만 그것을 성찰할 지식조차 없었다. 언젠가 한 남교사가 "성평등이라면서 여교사들은 왜 삽질을 안 하냐?"고 목소리를 높였을 때 아무런 반론 없이 삽을 들고 나섰던 것으로 보아 '성중립'적인 태도가 공정하다는 생각을 가졌던 것 같다.

엄밀히 말해 '성중립'적인 태도를 갖춘 것도 아니었다. 언젠가 남학생 두 명이 학교 행사에서 포르노 영상을 보며 자위하는 장면을 퍼포먼스로 무대에 올렸다. 구경하던 대부분의 학생이 키득거렸고 그 자리에 있던 나도 웃었다. 누구도 그 자리의 불편함을 제기한 적이 없었다. 오히려 남학생들의 솔직함과 과장된 연기는 재미있는 얘깃거리가 되었다. 그 시절의 포르노가 누구의 시선에서 만들어지고 누구에 의해 소비되는지에 대한 문제의식은 아쉽하지만, 없었다. 나를 포함한 교사들에게 남학생의 성적 욕망은 당연하고 자연스러운 것으로 보는 시각이 지배적이어서 무대 위에서 공연되는 것을 문제시하지 않았다.

지금에서야 하는 질문이지만, 만약 여학생들의 자위 퍼포먼스 시도가 있었다면 똑같이 무대 공연이 가능했을까? 비슷한 시기에 여학생들이 자신들의 몸을 표현하는 사진 전시회를 열겠다고 했을 때 '큰일' 날 사건으로 대응했던 것이 그 대답이라고 할 수 있다. 여학생들의 몸을 단속하는 일이 교사들의 학생지도 영역이었고 특히 나 같은 여교사들이 더 적극적으로 나서기도 한 것은 교사들에게도 '여자의 몸은 통제 대상'이라는 인식이 있었기 때문이다.

미투 운동이 시작될 즈음 페미니스트가 된 제자한테서 문자가 왔다. "내가 여자라는 걸 깨달은 순간부터 지금까지 어떤 순간도 고맙지 않아요. 살아 있는 게 싫을 정도로요. 그래서 악바리로 살라고 얘기하는 쌤이 너무 미웠어요. 지금도 미워요. 쌤, 꼭 오래 사세요. 벌이에요."

억울한 마음이 들기도 했지만 당연한 항의다. 이것이 여성의 삶에 대해, 그리고 여성에 대한 나의 태도였기 때문이다. 유독 여학생들에게 '악바리'로 살라고 했던 말 속에는 젠더의식이 높아지는 세상을 통찰할 능력이 부족한 여성으로서의 '무기력'이 묻어 있다.

침묵하는 동료들에게 묻고 싶다

미투 운동이 번질 때 나 역시 확성기에라도 대고 '미투'하고 싶었던 여성이었다. 예순을 앞둔 여성으로서 시시각각, 울분과 회한 그리고 부끄러움이 뒤엉켜 밀려왔다. 20대에는 그 시대의 진보적인 구호를 외치기도 하고 사회 변화에 따른 담론에서 멀어지지 않기 위해 애쓰면서 살아왔지만, 개인적인 삶의 문제와 일상의 관계에서는 '가부장제가 낳은 딸'의 정서와 태도에서 벗어나지 못했다.

하지만 내 인생에 대한 감정 처리보다 절박한 요구들이 밀려왔다. 스쿨 미투에서 성토되는 교사들의 성차별 사례에서 나 역시 예외가 아니었기 때문이다. 특히 여학생들의 민감성은 매일매일 감시의 눈이 되어 다가왔다. 학생들의 행동에 당황하면서도 구태의연한 반응을 보일 때, 성차별적 언어를 사용할 때마다 날카로운 지적을 받아야 했다. 여성의 신체와 생리적 현상에 대한 기존의 용어를 사용할 경우 여지없이 교정을 당했고, "알아들었으면 대충 넘어가자"고 하면 "언어가 곧 권력"이라고 정색을 했다. 나는 간혹 억울함과 저항감이 들어 상처를 입기도 했지만 조심스럽게 '자기 검열'을 하려고 애썼다. 언젠가 여학생들 앞에서 복잡한 심경을 고백하기도 했다.

"나는 우리 부모의 딸이고, 내 딸의 엄마이며, 숱한 성폭력과 차별에 시달려온 여성이다. 하지만 나는 제대로 된 젠더의식을 갖지 못한 교사다. 너희들에게 피해를 준 당사자이며 방조한 교사이다. 내 인생뿐만 아니라 너희들에게 부끄럽고 미안하다."

교사라면 누구나 학생의 인생에 좋은 영향을 끼치고 싶어 하듯이 나 역시 그랬다. 하지만 그 '좋은'이라는 수식어의 기준이 무엇인지, 좋은 것은 누구에게, 어떤 삶에 좋다는 것인지 질문했어야 했다. 더구나 젠더불평등 사회에서 존재하고 살아가는 '나'에게서 나오는 말이나 행동이 불평등 구조 어느 쪽의 입장인지를, 아니 '나 자신'이 불평등 구조의 산물임을 분명하게 볼 수 있어야 했다. 나를 포함한 교사들은 스스로를 '일인칭 나'를 넘어 정치적으로도 중립, 성에서도 중립인 것처럼 착각하면서 교실에서는 언제나 지루하게, 애매하게 말하는 것에 익숙하다. 그러나 이제는 그동안 '스승'으로 불리었든 '좋은 교사'로 불리었든 페미니스트가 된 제자들로부터 비판의 대상이 되는 것을 감수하면서 '나'의 정체성과 세계관을 일인칭 화자의 이야기로 드러낼 수 있어야 한다.

나에게 성인지 감수성을 높이는 과정은 새로운 능력을 습득하는 것이었다. 차이와 쟁점을 알아채는 능력, 새로운 개념과 언어로 현실을 해석하는 능력, '보편과 정상'의 기준, 기존의 지식을 의심하고 현실의 위계를 스스로 전복해야 하는, 매우 급진적인 변화를 견뎌낼 용기가 필요한 일이었다. 몇 번의 연수와 책에서 얻는 지식과 매뉴얼로 얻을 수 있는 것이 아니었기에 미친 듯이 읽고 쓰기를 반복했다. 그런데도 아직 더디고 멀기만 하다.

이 짧은 글을 쓰느라 한 달 넘도록 붙들고 있다. 몇 번을 뒤엎으면서 결국 몸살을 앓아야 했다. 교사 이전에 여성으로 살아온 인생에 대한 감정을 처리하지 못해서, 교사로 했던 말들이 부끄러워서, 그리고 성인식에 대한 공부가 짧아서 제대로 된 언어를 구사할 수가 없어서다. 침묵하고 있는 동료교사들에게 진심으로 묻고 싶다. 당신들은 어떻게 공부하고 있느냐고. 변화하는 중이냐고.

(vol. 129, 2020. 5-6)

'집에서 논다'는 말이 사라지는 그 날

회사를 그만두고 벌어진 일들

둘째를 가져 배가 불러오기 시작하던 때, 다니던 회사를 그만두었다. 회사를 그만둠과 동시에 양육과 온갖 종류의 가사일이 내 어깨 위로 우르르 쏟아져내렸다. 그 뒤로 이어진 나날은 어디에도 속하지 않고, 다른 이들에게 내밀 명함이 없으며, 내 이름으로 된 통장에 일정한 금액이 매달 송금되지 않는다는 사실이 의미하는 바를 처절하게 인식하는 기나긴 통과의례와도 같았다.

정아은 _ 소설가. 『모던하트』, 『잠실동 사람들』, 『맨얼굴의 사랑』을 썼다. 에세이 『엄마의 독서』를 펴낸 뒤 엄마, 주부들의 노동을 폄하하는 사회 현상의 저변에 무엇이 있는지를 밝히기 위해 『당신이 집에서 논다는 거짓말』을 펴냈다.

눈뜨자마자 아이들 밥을 먹이는 것에서부터 시작해 온갖 종류의 집안일을 하다 보면 하루가 가는지도 모르게 가버렸지만 사람들은 내게 "너 회사 그만두고 집에서 논다며?"라는 말을 아무렇지도 않게 던졌다. "어… 놀아"라고 대답하면서 한 대 얻어맞은 것처럼 얼떨떨했지만, 나는 왜 그런 느낌을 받는지 알지 못했다. 같은 일을 여러 번 겪은 뒤, 어떤 일을 하고 있느냐는 질문을 받으면 지레 이렇게 답했다. 저요? 집에서 놀아요! 빈번히 내 입에서 빠져나갔던 말. 귓가에 울려 퍼지며 묘한 잔상을 형성하던 말. 집에서 놀아요! 당시의 나는 몰랐던 것이다. 내가 하는 집안일이 '일'임을. 지불받지 않는 노동이기 때문에 일한다고 매김 되지 않는다는 것을. 세상에 '집에서 노는' 주부는 없다는 사실을.

누구도 가치를 매겨주지 않지만 하루도 빠짐없이 해내야 하는 다양한 종류의 반복노동을 수행하는 일과에 간신히 적응해갈 무렵, 내 이름으로 된 통장에 돈이 들어오지 않는다는 사실이 수반하는 새로운 고난이 있음을 발견했다. 이름 하여 '남편이 벌어다 준 돈으로 먹고산다는 말 참고 견디기'. 나는 이 말을 다양한 시기에 다양한 장소에서 수도 없이 들었는데, 그때마다 뭔가 억울한 느낌이 들었지만 뭐라 항변해야 할지 알 수 없었다. 그 말은 분명히 맞는 말이었기 때문에.

나는 남편이 벌어다준 돈으로 먹고, 살고 있었다. 그 뚜렷한 사실의 저편에 있는 갖가지 사정들, 즉 아이 둘 키우는 것만 아니면 지금이라도 나가서 남편만큼 돈을 벌 수 있다거나(라고 믿으며 나를 달랬다), 나는 남편이 벌어다준 돈으로 편하게 '쉬려고' 회사를 그만둔 게 아니라 두 아이를 키우기 위해 '어쩔 수 없이' 회사를 그만두었다는 사정들은 작게 쪼그라들어 감히 명함을 내밀지 못했다. 처음 몇 번은 애써 나의 '능력'을 내세우며 항변했으나, 내 이름으로 된 통장에 정기적으로 들어오는 입금액을 잃은 나라는 존재의 입에서 나오는 항변은 내가 듣기에도 '찌질'하고 초라했다.

그러나 직접 번 돈으로 먹고살지 않는다는 경제적 측면의 질곡보다 더한 무게로 나를 짓누르는 요인이 있었으니, 그것은 사회에서 고립되었다는 단절감과 막막함이었다. 회사에 다니던 때의 나는 비록 '이등 남성' 혹은 '열등한 남성'쯤으로 취급받긴 했지만, 그래도 어디 가서 '난 이런 이런 일을 하고 있다'고 말할 수 있었고, 연봉이나 회사원들만 누릴 수 있는 각종 혜택을 기본으로 한 여러 대화에 끼어들어 기죽지 않고 얘기할 수 있었으며, 회사 일을 기반으로 사회 각층의 사람들과 다양한 층위의 관계를 맺을 수 있었다. 일의 특성상 알게 되는 정보를 기반으로 시사적인 지식을 뽐내거나 가끔은 아홉 시 뉴스에 나오는 인물과 내가 일로 엮여 만난 적이 있음을 과시하는 소소한 기쁨을 누리기도 했다. 경제 뉴스나 시사 뉴스에도 뒤처지지 않고 끼어들어 대화를 나눌 수 있었다. 회사를 그만두고 '주부'라는 이름의 정체성을 가지게 된 뒤, 이 모든 소소한 행위들이 회사와 같은 일정한 조직에 속해 있을 때만 누릴 수 있는 특권이었다는 사실을 깨닫는 데는 채 한 달도 걸리지 않았다.

일하는 여성에게 일어나는 변화

회사를 그만두고 몇 개월이 지난 뒤, 재택근무로 가능한 일들을 시작했다. 예전 회사에서 했던 일의 일부를 받아서 집에서 하거나, 단행본 번역을 하면서 '파트타임' 혹은 '프리랜서'라 불릴 만한 일을 했다. 경제적으로 필요하기도 했고, 내 이름으로 된 통장에 매달 돈이 찍히지 않는다는 사실이 양산하는 수많은 타격에서 벗어나고 싶은 마음도 있었다.

이를 두고 사람들은 "아이들을 돌보면서 일을 할 수 있어서 좋겠다"고 부러움 섞인 찬사를 보냈지만, 내 생활은 전투와 같았다. 출퇴근을 하지 않고 작업장소가 집이기 때문에 일할 시간과 장소를 확보하는 것 자체가 고난도의 일이었다. 내 일은 예고 없이 불쑥 불쑥 생겨나는 여러 가지 가정사, 이를테면 갑자기 아픈 아이들, 내가 '시간이 자유로운' 일을 하니 아무 때나 불러내도 상관없을 거라 생각하는 각종 '친척 어른들'의 호출로 침해 받기 일쑤였고, 밀린 작업량 때문에 마감 때가 되면 이틀 사흘 밤을 새는 것이 기정사실처럼 되어버렸다. 이러한 사정에 대해 육체적, 정신적 고통을 호소하면 으레 "그러게 그런 일을 왜 하니?" "얼마나 번다고" 같은 말이 돌아오기 마련이었다. 종내는 나도 '내가 대체 돈도 얼마 되지 않는 일을 왜 이렇게 하고 있나'라는 생각에 빠져들었다.

그러던 어느 날, 다시 회사에 들어갔다. 오십 군데 정도의 회사에 원서를 넣고 삼십 군데 정도 면접을 다닌 뒤 가까스로 들어가게 된 회사를, 나는 펄쩍펄쩍 뛰면서 다녔다. 잃어봤기 때문에 그 소중함을 알게 된 나는 회사생활의 모든 순간을 너무나 사랑했다. 예전에는 울분에 차 펄쩍펄쩍 뛰었을 '열등한 남성' 취급도 유들유들하게 넘길 수 있었고, 초과노동, 다른 사람의 일 떠맡기, 꼰대 상사의 어이없는 행태 견디기 등 각종 억울한 상황도 예전보다 수십 배의 융통성을 발휘하며 능구렁이처럼 넘어갔다. 이 기간에 나와 동료로 만난 사람들은 나를 "만나본 사람 중에 가장 성격 좋은 사람" 혹은 "한 번도 얼굴 찌푸리는 걸 본 적이 없는 사람"으로 평가했고, 이는 내 인생을 통틀어 한 번도 받아보지 못했던 종류의 평가였다.

자본주의의 심장과도 같은 회사에 다시 발을 디뎠던 이 기간에 나는 결혼해서 아이 있는 여자가 집에만 있다가 다시 회사를 다니게 될 때 일어나는 변화가 무엇인지 통렬하게 깨달았는데, 이는 다음과 같다.

1) 확대가족(주로 시가 쪽)과 관련된 각종 행사에서 면제된다. 결혼한 여성에게 가족 관련 행사란 엄청난 양의 강제 무임금 노동을 의미한다. 이에서 벗어날 수 있는 단 한 가지 변명거리는 "저 그날 출근해야 되는 데요."이며, 이것의 중요성을 나는 임금노동자의 지위를 잃었던 기간에 통렬하게 절감했다. 임금노동자의 지위에서 떨어져 나오자 어찌나 많은 종류의 가족행사가 생겨나 활짝 활짝 팔을 벌리던지!

2) 사회적 관계망이 생긴다. 아이와 남편에 관한 이야기 외의 다른 이야기를 할 수 있는 사람들의 종류와 양이 이전과는 비교도 할 수 없이 증폭된다. 이로 인해 파생되는 각종 효과는 셀 수 없이 많다. 내가 사회에 속해 있으며 작게나마 사회의 한 귀퉁이를 차지하고 있다는 느낌은 이 관계망의 형성에서 나온다.

3) 집에서 온종일 가사노동을 했음에도 불구하고 "요즘 집에서 논다며?"라는 말을 듣지 않을 수 있고, 남편이 벌어다주는 돈으로 편하게 먹고 산다는 소리에서 벗어날 수 있다(아, 정말이지 여기서 벗어나서 너무 통쾌했다!).

4) 작게는 쇼핑물품 가격대를 정하는 문제부터 주거를 정하는 문제까지, 여러 현안에서 남편과 동등한 발언권을 행사할 수 있다.

5) 직접 번 돈으로 가용할 시간을 살 수 있다. 가족들을 위해 언제나 '대기' 상태에 있어야 하는 주부이기에 내 시간은 전혀 '내 시간'이 아니었는데, 이제 내가 벌어들인 돈으로 그 일부를 사들일 수 있게 되었다.

세상은 조금씩 변하고 있다

그러나 통쾌함과 뿌듯함으로 점철되었던 그 기간은 오래 가지 않았다. 다시 들어간 회사에서 몇 개월을 버티지 못하고 나는 다시 '전업주부'의 위치로 돌아갔다. 그리고 기다렸다는 듯, '집에서 논다'는 말이 날아오기 시작했다. 익숙한 듯 낯선 그 말의 세례를 다시금 받으며 생각했다. 나는 놀고 있지 않는데 왜 논다고 하는가? 왜 나의 노동은 노동이 아닌가?

그런 의문을 품고 꾸역꾸역 쏟아져 내리는 집안일을 해치우는 생활을 십수 년을 지속해 지금에 이르렀다. 몇 년 전부터는 '작가'라 불리는 저소득 파트타임 프리랜서가 되었지만, 하루의 대부분을 가족들의 세 끼 밥상을 차리고 집 안을 쓸고 닦는 데 바친다는 측면에서, 정체성의 팔 할을 '주부'인 상태로 살고 있다.

그 사이에 적지 않은 변화가 있었다. 개인적인 차원에서, 많은 갈등과 언쟁 끝에 식구들과 가사 분담을 하게 되었다. 이는 아직도 진행 중인 일로, 이 글을 쓰기 위해 책상에 앉아 노트북을 켜기 직전까지도 나는 제가 담당하기로 한 아침 설거지를 하지 않으려 몸을 배배 꼬는 아들과 치열한 신경전을 벌여야 했지만, 어쨌든 나와 식구들은 기본적으로 가사일을 함께 사는 모두가 분담해야 한다는 데 동의하고 한 발 한 발 앞으로 나아가고 있다. 여전히 내가 가장 많은 양의 가사를 하고 있지만, 남편과 두 아들도 상당한 분량의 가사를 분담한다.

사회적인 차원에서도 가사일에 대한 기존의 통념이 많이 유화되었다. 예전에는 결혼한 여성이 남편의 '아침밥'을 차려주는 것이 결혼생활의 절대 도리이며 만고불변의 우주 진리인 양 여겨졌는데, 이제는 "아침밥은 얻어먹고 다니냐"는 말 자체가 많이 들려오지 않는다. 물론 지금도 '아침밥' 운운하며 흘러간 과거의 지침을 현재화시키고 싶어 하는 이들이 심심찮게 출현하지만, 이들의 시도에는 지금 여기의 공기와 상식을 흡입한 수많은 이들이 달려들어 '맞벌이 주부' 혹은 '아이 둘을 돌보느라 밤잠을 설치는 주부'의 예를 들며 가열차게 논쟁을 벌인다. '아침밥'이라는 절대 도리의 지위가 흔들리기 시작한 것이다.

자본주의 자체 내에서 일어난 변화도 이러한 움직임에 힘을 실어주고 있다. 성인 남성 한 명이 가족의 생활비를 벌어오던 '정규직 시대'가 막을 내리면서, 모든 노동자의 '주부화'가 진행되는 상황이 도래했다. 인공지능과 통신기술의 발달과 함께 일하는 공간과 시간이 정해져 있는 정규직 노동자의 상이 무너져 내리면서, 인류는 장소와 시간에 구애받지 않고 '유연하게' 일하는 시대에 접어들었다. 집에서 살림을 하면서 틈틈이 재택근무를 하거나 회의 때만 카페에서 만나는 등 노동시간과 장소가 유동적으로 변하는 현상은 더 이상 특이하거나 예외적인 일이 아니다.

이런 현상은 자연스럽게 성별분업의 관행에도 변화를 몰고 왔다. '남편이 음식을 나보다 더 잘한다'고 말하는 기혼 여성이 빠른 속도로 늘어나는 것은 성별분업의 공고한 벽이 무너지고 있음을 상징적으로 보여준다. 나는 부모를 대상으로 한 강연을 할 때 종종 아이를 안고 온 아빠들을 접했는데, 그 아빠와 함께 참가한 다른 엄마들은 그런 사례를 자연스러운 일로 받아들이고 있었다.

'집에서 논다'는 말이 사라질 그 날까지

여성이 육아와 살림을 힘들고 고된 일로 받아들이게 되는 것은 그것이 강제로 할당되기 때문이 아닐까. 아이를 키우는 일과 가사일은 그 자체로만 놓고 보면 굉장한 가치가 있다. 아이를 안을 때, 아이를 씻기고 아이가 먹을 음식을 만들 때, 사람은 가슴이 뿌듯해지면서 살아 있다는 느낌을 받는다. 문제는 이런 일들이 '의무'로서 강제투하된다는 데 있다.

희생의 종류와 분량이 정해져 있고, 그 정도의 희생을 하는 것은 여성이 생득적으로 갖게 되는 본성과 일치하는 것이라고 외부에서 강제하는 순간, 육아와 살림이 본디 갖고 있는 생생한 생명력의 아우라가 사라져버린다. 뭐든지 자의가 아닌 타의에서 출발하면 그 빛과 추동력을 잃게 마련 아닌가. 다행히 노동 조건의 변화와 시대 분위기가 여성의 영역으로 여겨지던 살림과 육아에 남성이 들어오도록 추동하고 있다. 강제가 아닐 때, 함께 사는 이들과 나누어 하고 있다는 느낌을 받을 때, 가사일은 무게를 덜고 '일'로서의 가치를 되찾게 될 것이다.

여성들이 온종일 집안일을 하고도 '집에서 논다'는 말을 들었던 것은 자본주의가 (남성)노동자들이 직접 해야 할 집안일을 누군가에게 미루도록 교묘하게 종용해왔기 때문이다. 제 육신을 건강한 상태로 유지하는 데 필요한 여러 종류의 노동을 누군가에게 떠맡겨야 (남성)노동자들이 자신의 에너지와 생명력을 자본주의의 몸집을 불리는 데 온전히 쏟아넣을 수 있을 것 아닌가.

집안일이란 무엇인가. 집안일은 한 인간을 살게 만드는 일이다. 집안일이라 불리는 요리, 빨래, 청소는 사람을 숨쉬고, 움직이고, 재충전하게 하는 귀한 노동이다. 회사의 이윤을 올리기 위해 누군가에게 '근본적으로 필요하지 않은 물건'을 사게 만드는 일(대부분의 회사일이 그런 성격을 띤다)보다 훨씬 더 근본적이고 가치 있는 일이다. 최근 들어 노동의 형태가 바뀌고 집안일의 영역에 남성이 하나둘 들어오기 시작하면서, 집에서 살림하고 아이를 기르는 일이 얼마나 힘든지에 대한 토로가 이어지고 있다. 주부들이 '놀고 있지' 않다는 것을, 남성이 살림 영역에 들어오게 되면서 자연스럽게 인식하고 의제화하게 된 것이다.

다가오는 나날은 '여성'의 영역에서 일어나는 변화로 인류의 문화가 뿌리부터 통째로 흔들리는, 그리하여 완전히 새로운 형태와 색깔로 재편성되는 시대가 될 것이다. 육군사관학교나 교회의 목사 설교대, 결혼식장의 주례석 등 금녀의 구역으로 여겨졌던 분야에 여성들이 활발히 진출하는 현상이나 공적인 영역에서 보이는 여성의 숫자가 늘어나는 현상은 이미 그런 시대가 시작되고 있음을 알리는 신호탄이다.

우리는 이런 시대 상황을 제대로 읽어내야 한다. 그러나 법, 제도, 관습, 교육은 오십 년 전에나 통할 법한 내용을 고수하며 사람들을 혼란에 빠뜨린다. 이처럼 더 이상 유효하지 않은 해묵은 사고방식과 현재를 정확하게 반영하는 사고방식 사이에서 우리가 혼란에 빠지는 것은 사회·문화를 조직하는 결정권자들의 성별과 나이 때문이다.

그러나 이들이 세워놓은 케케묵은 정언명령들의 창살들 틈새를 자세히 살펴보면, 우리가 살고 있는 이 순간의 현실을 보여주는 단서들이 차올라 넘실거리는 것을 목도할 수 있다. 젊은(신세대) 부부들이 '효도는 셀프'라 선언하며 오랜 세월 공고하게 이어져온 대리효도의 악습을 끊어내는 모습을 볼 수 있으며, 자신보다 요리를 더 잘하는 남편이 차려준 저녁밥상에 대해 자연스럽게 말하는 기혼 여성을 종종 맞닥뜨린다. 또한 직장에서 성적인 모욕을 당했을 때 이를 공론화하여 잘못이 피해자인 여성이 아니라 후진 상대 남성에게 있음을 사회 전체가 인식하도록 만드는 여성들의 당당한 모습을 여기저기서 보고 있다.

이제 여성은, 그리고 여성과 함께 삶을 영위하는 남성은, 자본주의 체제를 근간으로 한 국가와 사회가 빼앗아간 고귀한 기회를 되찾아야 한다. 여성은 혼자 강제로 짊어졌기 때문에 그 본연의 매력을 향유할 수 없었고, 남성은 인위적으로 제외됐기 때문에 그 본연의 생명력을 향유할 수 없었던, 살림과 육아라는 생의 축제에 대한 지분을 남녀가 합심하여 고르게 재분배해야 한다. '집에서 논다'는 말은 그 과정에서 자연스럽게 맥락을 잃게 될 것이고, 주부들의 노동은 '노동'으로 뚜렷이 가시화될 것이다.

(vol. 130, 2020. 7-8)

억압받는 존재들의 언어

"우리는 앞으로도 7·4 공동성명과 6·15 공동선언, 10·4 선언이 가리

키는 길을 따라 우리 민족끼리 힘을 합쳐 북남관계에서의 대전환, 대변

혁을 이룩하기 위해 적극 노력할 것."

2017년 5월 31일자 북한 《노동신문》의 논설이다. 이 글에서

낯선 표현을 찾을 수 있을 것이다. 우리 입에 붙은 '남북관계'가

아니라 '북남관계'라고 한다. 익숙한 언어는 지배체제의 가치관

을 담고 있다. 부모, 남매, 남녀처럼 남성을 지칭하는 언어가 먼저

이라영 _ 예술사회학 연구자. 『환대받을 권리, 환대할 용기』, 『타락한 저항』, 『정치적
인 식탁』 같은 책을 썼다

쓰이는 어순을 우리는 자연스럽게 받아들이며 산다. 반면 욕설에 해당하는 '연놈'은 어째서 여성을 먼저 앞세웠을까. 단순한 우연이 아니다. 속담을 비롯한 관용적인 표현, 심지어는 역사적 사실도 쉽게 받아들이기보다 의구심을 가져야 한다.

『언어와 여성의 지위Language and Woman's Place』 저자인 정치사회 언어학자 로빈 레이코프Robin Lakoff는 강의 시간에 '크리스토프 콜럼버스는 1492년 아메리카를 발견했다'라는 문장을 써놓고 학생들의 반응을 본다고 한다. 이 문장에서 어떤 '문제'를 발견할 수 있는가. 우리는 이 문장을 쉽게 '역사적 사실'로 인식하는 경향이 있다. '사실'에도 '입장'이 있다. '발견'은 유럽에서 온 콜럼버스의 시각이지 원래 그곳에 살던 사람들의 시각은 아니다. 우리는 대체로 권력자의 시각과 그들의 언어를 통해 편향된 '사실'을 습득한다.

여성에 관한 말 : '녀'라는 멸칭

처음 불어를 배울 때 여성형과 남성형 명사, 이에 따라 수식하는 형용사의 변화와 관사의 성별이 흥미롭고도 낯설었다. 언어를 통해 세상 만물에 대한 이해가 이분법에서 벗어나지 못하도록 만든다는 생각이 들었다. 잠깐 독일어를 배운 적이 있다. 그런데 독일어에는 중성까지 있는 게 아닌가. 인도유럽어족의 특징이다.

같은 어족이라 하여 여성과 남성을 구별하는 기준이 통일되는가 하면 그렇지도 않다. 불어에서는 '광장 la place'이 여성 명사이지만 독일어에서는 남성 명사다. 이는 자연의 성과는 무관하지만, 우연히 그렇게 정해진 것은 아니다. 이미 프랑스 철학자 시몬느 드 보부아르가 독일어에서 외래어가 여성형임을 지적했듯이 성별에 대한 관념이 개입되어 있다. 아메리고 베스푸치의 이름을 딴 아메리카 대륙은 아메리고의 여성형이다. 정복해야 할 '신대륙'은 여성으로 은유된다.

언어에 젠더 개념이 처음부터 없는 한국어의 경우 젠더에 대한 고정관념에서 상대적으로 자유롭지 않을까 싶지만 안타깝게도 그렇지 않다. 우리는 구별하기보다 아예 여성을 배제하는 언어에 익숙하다. 소설가 최인호가 마지막으로 남긴 책 제목이 '나의 외손녀'가 아니라 '나의 딸의 딸'이다. 그는 '외外'를 붙이기가 싫었다고 한다. 나도 '외'가를 비롯하여 엄마의 원가족에게 붙이는 '외'를 사용하는 일이 어색하다. 친가와 외가라니, 노골적으로 모계를 배제하는 가부장적인 언어다.

또한 적극적으로 새 말을 만들어서 관념을 주입시키는 경우도 있다. 계집 '녀'를 마구 집어넣는 것이다. 애초에 성별 구별이 없는 언어에서 성별을 강조할 때는 '열외'의 존재로 만들거나 비하의 의도를 담곤 한다. 여성 배우가 "여배우 아닌 배우로 불리고 싶다"(엄지원)라고 하거나 여성 작가들이 '여류'라 불리지 않기를 희망하는 까닭이다. 아무리 지적을 해도 언론에서 굳은 의지를 가지고 '~녀'를 사용하는 모습을 보라. 언론과 남성 커뮤니티를 중심으로 셀 수 없이 많은 '녀'가 양산되고 있다. 어디 그뿐인가. 국립국어원은 아예 차별적 언어를 제도화시키는 데 적극적으로 일조한다.

"10년간 선정된 신어 총 3,663개 중에서 남성과 여성을 지칭하는 단어는 총 288개로 이 중 '~녀(걸)'는 196개, '~남'은 92개로 여성을 지칭하는 신어가 2배 이상 많았다. (중략) 여성을 지칭하는 단어는 청글녀(청순하고 글래머인 여자), 잇몸녀(웃을 때 잇몸이 과도하게 드러나는 여자), 스크림녀(공포영화 범인이 쓰고 나온 괴기스러운 가면처럼 흉하게 생긴 여자)와 같이 외모와 관련된 단어가 많았다. 남성과 관련된 단어는 츤데레남(겉으로는 퉁명스럽지만 따뜻한 마음을 가진 남자), 뇌섹남('뇌가 섹시한 남자'의 줄임말. 유머가 있고 지적인 매력이 있는 남자) 등 긍정적인 뜻이 상대적으로 많았다."[1]

비유에 있어서도 부정적인 대상에게 늘 '녀'를 붙인다. 검찰이나 정부기관의 관료를 비판할 때 '권력의 시녀'라는 말을 흔하게

---

[1] 조미덥 기자, "'낮져밤이', '개공감' 신조어 등록한 국립국어원, 소수자는 나몰라라", 《경향신문》, 2015. 10. 07

사용한다. 예를 들면 이렇다. "검찰 권력의 도덕성은 시녀 정도를 넘어 창녀 수준으로 치닫고 있다." 대부분 남성으로 구성된 공권력의 도덕성을 비판하기 위해 '시녀'와 '창녀'를 끌어왔다. 게다가 '창녀'는 도덕적으로 타락한 대상을 지칭하는 표현으로 익숙하지만, 여기서 성매수 남성의 도덕성은 거론되지 않는다.

여성이 하는 말 : 수다와 회담 사이

한국어를 하는 프랑스 여자를 만난 적이 있다. 한국에서 일 년 정도 거주한 적도 있다고 했다. 그는 불어를 사용할 때와 한국어를 사용할 때 태도가 달랐다. 평소에는 그냥 또랑또랑 말하다가 한국어로 말할 때면 표정에 미소가 더 담기며 자꾸만 머리를 귀 뒤로 넘기곤 했다. 어느새 그는 조신한 여성이 되어 있었다. 모방을 통해 외국어를 배운 그는 한국 여성들의 말투와 몸짓까지 익힌 것이었다.

나는 외국에서 비모국어를 사용할 때 젊은 남성의 말을 가장 알아듣기 힘들다. 듣는 상대방을 고려해서 말하는 습관은 여성들에게 더 보편화되어 있을 뿐 아니라, 표준어 사용 또한 여성들이 더 중요하게 여기기 때문이다. 여성들이 은어나 속어를 사용했을 때 얻게 되는 사회적 이미지는 남성들의 경우보다 더 부정적이다. 오히려 남성들은 그들 간의 유대를 위해 적극적으로 비표준어를 구사하기도 한다. 이런 태도는 아직 사회적 위치가 명확하지 않은 젊은 남성들에게 더 자주 나타난다.

뿐만 아니라 남성들은 훨씬 더 확신을 가지고 말한다. 확신을 넘어 때로 가르치려 든다. "~라는 게 있어요"라는 식으로 설명을 하려 한다. 반면 여성들은 웃음으로 말꼬리를 흐릿하게 만들거나 "~같아요"라는 말을 많이 사용한다. 특히 젊은 한국 여성들에게서 아기처럼 말하는 태도를 종종 발견한다. 어떤 사람들은 일상에서 '어리광 부리는 말투'를 쓰는 여성을 비웃는다. 텔레비전에서 툭하면 젊은 여성 연예인들에게 애교 부려보라고 하는 사회에서 과연 비웃을 일인가 싶다. 우리 사회는 실제 소녀는 성숙한 성적 매력을 뿜어내고, 성인 여성은 소녀같은 모습을 재현하도록 만든다. 아기처럼 말하는 습관은 제 목소리를 과감히 내기 어려운 여성들이 습득한 하나의 태도이다.

이렇듯 여성들의 얌전한 화법에 익숙하다 보니, 여성이 단호하고 공격적인 언어와 화법을 구사할 경우 남성에 비해 더 거센 사회적 반발에 직면한다. 또한 여성의 말은 가치 있는 의견이 아니라 무시해도 될 하찮은 수다 정도로 여긴다. 외국 여성들이 출연하는 '미녀들의 수다'와 외국 남성들이 출연하는 '비정상 회담'이라는 방송 프로그램의 작명에도 이러한 성별 관념이 또렷하게 나타난다. 지난 대선에서 홍준표 후보가 심상정 후보를 향해 "말로는 못 이겨요"라고 했다. 여기서 '말'은 실체가 아닌 허울이라는 이미지로 사용된다. 심상정이 가진 논리와 정확한 언어 사용, 상대의 문제를 파고드는 집요한 능력을 '그냥 말빨'로 만들기 위해서다. 말로는 못 이기지만 '그건 그냥 말일 뿐' 중요한 문제가 아니다, 말로 꼬투리를 잡을 뿐이다, 라는 인식을 심어준다.

외국어처럼 배우는 젠더 감수성

앞서 살펴보았듯이 여성이 쓰는 말은 공손하지만, 여성에 관한 말은 상스럽다. 여성은 공손한 발화자여야 하지만 쉽게 멸칭의 대상이 된다. 언어가 없는 사람과 언어를 주도적으로 생산하는 사람과의 대화는 가능할까. 대부분 사회적 약자는 2개 국어 이상을 구사한다. 마음속에서 움터 나오지 못한 채 우물거리는 말과 그가 입 밖에서 공식적으로 사용하는 말 사이에 간극이 생긴다.

페미니스트 선생님이 필요하다는 해시태그가 SNS에 등장했다. 교육현장에서 페미니스트의 중요성은 아무리 강조해도 모자라지 않다. 더 정확히 말하자면, 굳이 '페미니스트' 교사라고 부를 필요가 없을 정도로 차별이 옳지 않다는 인식이 있어야 한다. 일단 언어를 정확하게 사용하는 교사들이 필요하다.

사람과의 관계, 자신이 모르는 소수자 문화, 타자의 세계 등에 대해 알아갈 때 나는 '외국어를 공부하듯' 접근해야 한다고 생각한다. 우리는 외국어를 배울 때 자신이 그동안 어떻게 살아왔든, 학벌이 어떻든, 나이가 얼마나 많든, 스스로를 '배우는 사람'으로 인정한다. 외국어 앞에서는 누구나 초보자의 경험을 하며, 모국어를 벗어났을 때 자신이 펼칠 수 있는 능력이 급격하게 떨어짐을 경험한다. 내 말이 올바르게 전달되는지 조심하고, 상대의 문화에서 어떻게 들리는지 역지사지를 꾸준히 하기 마련이다.

마찬가지로 이러한 학습방식을 일반적인 인간관계에서는 물론이고 흔히 사회적으로 타자화되는 세계에 다가갈 때에도 적용해야 한다. 여성의 말을 듣고, 지역의 목소리를 듣고, 다른 인종의 언어를 들으며 꾸준히 '다른 언어'를 배우지 않으면 듣지 못하는 인간으로 살아간다. 물론 이런 것을 몰라도 불편하지 않은 사람들이 있다. 그 이유는 그만큼 이 세계의 타자들이 이중 노동을 하는 덕분이다. 미국에서 태어난 미국인은 모국어만 해도 세계 시민이 되지만, 이민자는 제2외국어까지 갖춰도 영원한 이방인이다. 그 이방인들이 자신의 모국어를 익혀준 덕분에 제1세계 시민으로 불편하지 않게 살아간다는 사실을 '모른다'. 제주도 사람 누구나 육지의 언어를 익히듯, 여성을 포함하여 대부분의 사회적 타자들은 자연스럽게 '이중 언어 구사자(바이링구얼bilingual)'로 길러진다. 자신의 언어가 있어도 사회의 '표준어'를 익혀야만 한다. 아이들 교육을 위해 '이중 언어 구사자 되기Be bilingual'에 관심 가지는 부모들이 많다고 한다. 이 '외국어'의 개념이 철학적으로, 정치적으로 확장되면 좋겠다. '외국'어만이 아니라 타자의 언어를 익히기.

이 '타자'들은 두려움 없이 말할 권리가 있다. 흑인 차별에 저항한 버스 보이콧 운동의 상징인 로자 파크스의 유명한 말이 있다. "You may do so(당신이 그렇게 해도 좋다)." 이 말은 로자 파크스가 버스에서 백인에게 자리 양보를 거부한 뒤 경찰에 연행될 때 했던 말이다. '나의 체포를 허락한다'는 뜻이다. 그는 자신을 피해자로 두기보다 저항하는 주체로 행동했다. 우리의 말 한마디 한마디는 정치적 역할을 한다. 상식을 불편하게 만드는 언어를 통해 억압당하는 존재는 힘을 얻는다. 해방된 언어는 행동에 추동력을 준다. "소녀들이여, 야망을 가져라!" 여기에 덧붙이고 싶다. "소녀들이여, 두려움 없이 말하라."

(vol. 113, 2017. 9-10)

2부
공생의 기술,
젠더 감수성 교육

타고나는 성, 만들어지는 성

존재를 위한 소멸의 역사

히잡을 쓰고 눈물 흘리던 여성의 사진 한 장을 잊지 못한다. 2015년, 난생처음 투표를 한 사우디아라비아 여성들의 감격스런 희열이 사진을 보는 이에게까지 전해졌다. 1893년 뉴질랜드를 시작으로 세계적으로 여성 참정권이 확산되기까지, 여성들은 달리는 말발굽 아래 몸을 던지고 단두대에 오르며 존재를 인정받기 위해 존재를 소멸시켜야 했다. 오랜 시간이 지난 지금도 여성들은 오직 '여성'이라는 이유로 목숨을 잃고 있다.

장희숙 _ 민들레 편집장

한국사회에 충격을 안긴 강남역 살인 사건이 그렇다. 30센티가 넘는 칼을 준비해 남녀공용 화장실에서 한 시간 반을 기다렸다가 먼저 들어온 남자 여럿을 그냥 보내고 처음 들어오는 (모르는) 20대 여성을 수차례 찔러 잔혹하게 죽인 이유는 '여성'이라는 것이 전부였다. 경찰과 언론, 다수의 남성은 조현병 환자의 우발적인 범죄 사건으로 치부하기도 했지만, 생존의 위협을 느낀 많은 여성은 슬퍼하고 분노하며 한국의 페미니즘 운동을 촉발했다.

억압된 자들의 터져 나오는 목소리와 스스로 억압된 줄 모르고 살던 이들의 뒤늦은 분노, 기득권을 놓지 않으려는 자들의 불편함까지 뒤엉켜 한국사회는 요란하게 들썩인다. "이미 패권을 쥔 거 아냐?" 이미 역차별을 당하고 있다고 생각하는 남자들은 빠른 속도로 번지고 있는 한국사회의 젠더 이슈를 이해할 수 없는 모양이다. 페미니스트들의 까칠함을 예로 들어 운동의 과격함과 담론 과잉을 지적하며 필요성을 부정한다.

그러나 이슈가 되었다고 문제가 해결된 것은 아니다. 이제 막 문제에 대한 '인식'이 시작되었을 뿐이다. 인식이 해결로 이어지려면, '여자'라는 이유로 이루어지고 있는 사회적 차별이나 성 역할 고착화에 대해 좀 더 면밀히 살피는 것부터 시작해야 한다. 불평등한 노동시장, 임신과 출산, 육아에 뒤따르는 사회구조적 부당함은 새삼 말할 것도 없고, 일상 속에서 여성을 남자의 부속물이나 성적 대상으로 여기는 인식의 수준도 갈 길이 멀다.

몇 년 전 여자 승무원들의 바지 착용을 허용하지 않던 한 항공사에게 국가인권위원회가 바지 착용 허용을 권고한 적이 있었다. 달라붙는 치마를 입고 몸을 굽히거나 한쪽 무릎을 꿇거나 선반에 짐을 올리고 내리며 서비스를 제공하는 승무원들을 볼 때마다 불편했던 터라 잘 됐다 싶었는데, 이 기사에는 "망했다" "이젠 안 탄다" "바지가 더 섹시한데 잘 됐다" 등등의 댓글이 줄줄이 달렸다. 여성을 성적 대상으로 여기는 현실이 여실히 드러나는 장면이었다.

단순히 성평등이나 남녀 간의 권력 싸움으로 볼 수도 있지만 여성들에게 페미니즘은 생존의 문제이며 한 인간으로 존립하기 위한 실존의 문제다. 비당사자가 '이 정도면 됐지'라는 건 근거 없는 판단이다. 그 도달 수준을 판단하는 것은 당사자일 수밖에 없다.

약자에서 약자로 세습되는 차별

어린 시절, 동네슈퍼 막내딸이던 내 주요 임무 중 하나는 '생리대 배달'이었다. 직접 사러 가기가 "좀 그렇다"며 뒷집 언니가 대문 앞에 서서 손으로 네모를 그리면 신문지로 포장한 생리대 '후리덤'을 까만 봉지에 담아 언니 방으로 배달했다. 언니는 스파이처럼 양쪽을 살핀 뒤 물건을 건네받아서는 옷장 맨 아래 서랍에

재빨리 집어넣었다. 아무도 그렇게 하라 가르친 적 없지만 초경을 시작한 후 나도 가방에서 생리대 가방을 꺼낼 때면 양쪽을 두리번거린 후 재빠르게 주머니에 찔러 넣었다. 이유는 몰랐다. 다만 내 언니와 동네 언니들 모두가 그랬으니까.

세상이 많이 변한 듯하지만 요즘에도 아픈 배를 움켜쥔 채 생리통이라 말 못하는 10대들을 보면서 생리, 임신, 출산, 모유 수유와 같이 여성의 몸에서 일어나는 자연스러운 일들을 터부시하는 이유를 생각해본다. 왜곡된 성관념을 갖고 있는 일부 남성의 농락적 시선도 있지만, 여성 스스로 습득해온 성 고착화 영향도 클 것이다. 엄마가 딸에게, 시어머니가 며느리에게, 여자가 여자에게. '여자니까 (남자니까) 이래야 한다'고 가르치던 성 통념은 좀 달라졌을 것 같은 젊은 세대 사이에도 꽤 깊숙하게 답습되고 있는 듯하다.

서울시교육청 학생인권교육센터에 접수된 사례를 보면 여학생은 생리통으로 조퇴를 하려면 보건교사에게 (혈흔이 묻은) 생리대를 보여주어야 하고, 검정 구두에 흰 양말을 신어야 하는 학칙 때문에 미끄러운 눈길에도 구두를 신고 다녀야 하며, 치마를 입기 싫지만 입학한 학교에 바지 교복이 없어 학교와 갈등을 겪기도 한다. 일상에서 '여자라서' 받아들여야 하는 (이해되지 않는) 사회적 통념이 얼마나 많은가. 어려서부터 반복되는 이런 경험은 저항보다 순응을 기르기 쉽다.

이제는 성교육도 달라져야 한다. 남녀를 구분해 의례적으로 치러내던 예전의 성교육은 생물학적 성sex을 설명하는 것이 초점이었다면, 지금의 성교육은 서로의 존재를 이해하기 위한 사회적 성gender에서 출발해야 한다. 젠더에 관한 통념은 태어나기 전부터 시작된다. 배 속에서부터 성별을 구분해 파란색 혹은 분홍색 출산용품을 준비하는 순간부터 사회적 성은 만들어진다. 옷부터 신발, 가방까지 핑크로 깔맞춤하길 좋아하는 다섯 살 딸아이를 보며 "한 번도 저렇게 가르친 적이 없는데" 하며 한숨 쉬는 친구를 보며 그만 웃고 말았다. 아기가 태어났을 때 연두색 옷을 선물한 내게 "우리 애 딸인 건 알지?" 하며 웃던 5년 전 친구 모습이 생각나서다.

우리는 생각보다 깊숙이 사회화된 성을 의심의 여지없이 내것인 줄 알고 살아간다. 어려서부터 "멋지다" "늠름하다" "씩씩하다"는 칭찬을 들으며 자신의 감정을 부정하고 강한 행동을 하며 다른 이들 위에 군림하거나 (누군가를 지켜주거나 보호해야 하는 사람으로 훈련되는 것도 마찬가지다) 경쟁하는 것으로 그 가치를 인정받는 경험과 "예쁘다" "사랑스럽다" "참하다"는 칭찬을 들으며 얌전하고 조신한 것으로 자신의 가치를 증명하는 경험을 통한 사회화는 개인으로서의 인간 존엄성을 해친다.

"10분만 더 공부하면 아내의 얼굴이 바뀐다.(남학생용)" "10분만 더 공부하면 남편의 직업이 바뀐다.(여학생용)" 작년 7월, 국가

인권위에서 경고를 받은 학용품업체의 문구류에 적힌 문구다.[1] 해당 업체는 사과문을 내놓으면서 인터넷에 떠도는 학교의 급훈에서 따온 것이라고 해명했다. 성 역할에 대한 청소년들의 사회적 인식이 반영된 것이다. 차별인 줄도 모르고 일어나는 무의식적인 차별이 더 큰 문제다. 다수의 남성, 혹은 여성은 자신이 성차별 의식을 가지고 있다는 사실조차 알지 못한다.

두 개의 성에 갇힌 세상

젠더 문제를 '여성 인권', 혹은 '양성 평등'으로만 도식화할 수 없는 것은 그 안에 더 다양한 형태가 존재하기 때문이다. 이미 성별이 정해진 채 태어난다고 생각하지만, 염색체나 생식기 구조상 남성으로도, 여성으로도 구분되지 않는 인터섹스intersex도 있다. 외모나 성기만으로 성별을 구별하는 것이 어려울 때 염색체 혹은 호르몬 검사가 등장하기도 한다. 국제올림픽위원회IOC에서 선수의 성별을 구별하는 기준으로 염색체 검사를 채택한 것도 그런 사례 중 하나이다. 명확하게 양성으로 구분하고자 할수록 생물학적인 성별 표식이 불완전하다는 사실을 확인하게 된다. 일상적으

---

[1] 학벌없는사회를위한 광주시민모임 등 5개 단체는 성차별과 입시경쟁을 조장하는 문구류 50여 점을 적발해 국가인권위원회 광주사무소에 조사 결과를 공개하고 진정서를 제출했다.

로 인간의 성별을 구별하는 근거는 성기 모양이나 염색체, 호르몬이 아니라, '남자답게' 혹은 '여자답게' 인식되는 행동 양식과 옷차림 등 문화적인 산물이다. 과연 나는 여성인지 남성인지 확신할 수 있을까. 사회적 성이라 불리는 젠더 정체성은 얼마나 다양하겠는가.

성평등 교육으로 유명한 스웨덴의 스톡홀름에는 '니콜라이유치원'이 있다. 매년 300명이 입소를 기다릴 정도로 인기가 높은 공립 유치원이다. 이곳 교사들은 아이들에게 무엇인가를 설명할 때 '한'(han, 그) 또는 '혼'(hon, 그녀)이라는 말을 쓰지 않고, 성별을 구분하지 않는 '헨'(hen)이라는 말을 사용한다고 한다. 아이들은 성별과 상관없이 원하는 대로 인형이나 블록을 갖고 논다. 치마를 입거나 바지를 입는 것 또한 성별이 아니라 아이의 선택에 달렸다. 처음부터 남자아이인지 여자아이인지를 구별하지 않으니 스스로도 성별에 따라 어떤 옷을 입어야 한다는 고정관념이 없는 걸 볼 수 있다고.

유치원 원장 로잘린[2]은 칠판에 동그라미 하나를 그린 후 이렇게 말한다. "이 동그라미를 인생이라고 한다면, 이 안에는 희로애락과 의식주, 다양한 색깔 등 세상의 모든 것이 들어 있습니다. 그

---

2 로잘린은 니콜라이유치원 외에도 이갈리아유치원과 입양아들을 위한 스피이라 유치원 등 6곳을 18년간 운영해오고 있다. 대학에서 젠더교육을 받은 교사 위주로 채용한다.

런데 사람들은 이 동그라미에 선을 긋고 여성의 것과 남성의 것으로 나눕니다. 당신은 자녀에게 인생의 절반만 주고 싶나요? 아이들이 전통적인 성 역할을 넘어 자신이 원하는 것을 찾을 수 있도록 도와주는 것이 교사의 역할입니다."[3]

블록 장난감을 만드는 레고사가 최근 여성 과학자 시리즈를 출시하게 된 것은 일곱 살 여자아이의 편지 한 통 때문이었다. "여자 인형은 집에만 있거나, 해변에 가거나, 쇼핑을 하고, 직업이 없다. 하지만 남자 인형은 모험을 하고, 일을 하고, 사람을 구하고, 심지어 상어랑 수영도 한다"면서 "더 많은 여자 레고 인형이 만들어지고, 그들이 모험과 더 많은 재미있는 일을 하게 해달라"고 요청했다. 실제로 과학계에 종사하는 여성의 비율이 이미 60퍼센트를 넘는데, 여전히 남성 중심의 장난감이 출시되고 있는 세태는 성 역할에 대한 통념이라고 말할 수밖에 없다.

근래 유럽에서는 요리 도구와 아기 인형을 가지고 노는 남아, 물총을 가지고 노는 여아 등의 모습을 담은 상품 카탈로그를 통해 장난감의 성별 구분을 없애고 어려서부터 고착화된 성 개념을 갖지 않도록 하자는 움직임이 일고 있다.[4] 어릴 적부터 '가부장적

---

3 '그'와 '그녀' 대신 '친구'를 가르쳐요,《여성신문》, 2013. 10. 13
4 최근 유럽과 미국의 장난감 업계에선 휠체어를 탄 레고, 키가 작고 통통한 바비 인형, 시각장애인용 지팡이를 들고 있거나 얼굴에 커다란 반점이 있는 소녀 등 다양한 캐릭터 인형을 만들어 소비자들에게 좋은 반응을 얻고 있다.

직업관'과 '전통적 성역할'이 반영된 장난감을 가지고 놀며 상상력과 미래마저 구금당하고 있진 않은지, 내 의지가 아니라 관습과 통념에 의해 만들어진 나로 살아온 것은 아닌지 살펴보는 일은 '나는 누구인가'라는 근원적 질문과도 닿아 있을 것이다.

우리는 좀 더 편향적일 필요가 있다

젠더 감수성을 키우고 다양한 성 정체성을 인정하는 것은 사회의 문란을 빚는 일도 아니고 양성 간에 우위를 점하기 위한 패권 싸움도 아니며, 다만 한 인간으로서 오롯이 존중받고 존중하려는 기본적인 욕구에 응답하는 일이다. 작년, 시청 앞 서울광장에서 열린 퀴어축제에서 성소수자들의 부모가 나와서 자녀를 따뜻하게 안아주었을 때, 그 모습을 보고 서 있던 사람들도 함께 울었다. 존재를 인정받지 못한 채 숨죽여왔던 그 시간이 읽혀서다. 남자, 여자, 그 외 어떤 조건을 따지기 전에 모든 사람은 그 자체로 인정받아 마땅한 존재들이다. 남자라서, 여자라서 혹은 그 무엇이라서, 당위로 점철된 규정과 판단 속에 갇혀 정작 '나'로 사는 법을 잃어가고 있는 건 아닐까. 억압된 자신으로부터 해방되는 것, 특정한 방향으로 사회화된 나로부터 자유로워지는 것이 젠더교육의 목적일 것이다.

'무엇'이라는 조건으로 이 사회에 횡행하고 있는 차별과 불평등을 아주 면밀히 들여다보지 않고서는 통념과 오류를 쉽사리 발견하기 어렵다. "외줄 타는 광대의 부채는 언제나 몸이 기울어지는 반대편에 펼쳐진다. '평등하게' 부채를 가운데에 펼치면 줄에서 떨어지고 만다. 사회가 기울어진 정도만큼 약자, 소수자의 입장으로 기울어져야 한다."[5] 억압받는 이들이 어느 한쪽에 존재하는 한, 우리는 좀 더 편향적일 필요가 있다.

(vol, 113, 2017. 9-10)

---

[5] 인터넷 정보가 남성중심적, 여성혐오적이며 소수자 감수성이 부족하다는 문제의식에서 만들어진 인터넷 사전 페미위키(www.femiwiki.com)에서 인용.

자연스러운 성적 대화를 꿈꾸며

딸아이의 고추?

딸아이가 네 살 때, 잠자리에 누워 쉽게 잠들지 못하고 "엄마, 고추가 너무 아퍼~" 했다. 성기 주변이 빨개져 있었다. 샤워를 시키고 나니 한결 괜찮다며 잠들었다. 딸은 자신의 성기를 가리켜 '고추'라고 했다. 아기 때부터 남편이 딸의 성기를 '고추'라고 부르기에 무심코 나도 그렇게 했고, 아이는 자연스레 부모의 습관을 따른 것이다.

이성경 _ 엄마페미니즘 '부너미' 대표. 기혼여성들의 언어를 찾는 글쓰기 프로젝트를 기획하여 『페미니스트도 결혼하나요?』, 『당신의 섹스는 평등한가요?』를 출간했다. 《오마이뉴스》에 '페미니스트 엄마가 쓰는 편지'를 연재 중이다.

고추라고 부르는 것이 어색하기도 했지만, 여성의 성기를 발음하는 일은 더욱 민망해서 되도록 입에 올리지 않는 것으로 어색함을 피해왔다. 그런데 아이를 키우다 보면 양육자도 아이도 성기를 지칭해야 할 일이 생긴다. 아이는 오줌을 누고 나서 "엄마, 고추 닦아주세요" 하거나 샤워를 할 때 "고추도 깨끗하게 씻어주세요" 했다. 들으면서도 말하면서도 어색한 호칭이었다.

둘째인 아들이 태어난 지 일주일도 채 안됐을 때, 시어머님은 속싸개를 풀고 기저귀를 벗기면서 "어디 보자 고추, 여기 있네" 하며 반가워하셨다. 딸이 태어났을 때는 기저귀를 풀어헤치는 일이 없었으니, 그와 비교되는 행동이었다. 둘째가 성장하는 과정에서 '고추'라는 말은 너무 자연스럽고 일상적이었다. 남편도 기저귀를 갈 때 "이거 봐라. 고추, 고추" 하며 장난쳤고, 할머니는 손자를 볼 때마다 "고추 어딨어?" 하고 물었다. 아이가 인지능력이 생긴 후로는 고추 어딨냐고 묻는 말에 자신의 성기를 가리키는 행동이 하나의 재롱이 되었다. 다들 그 모습에 웃음을 터뜨렸지만 나는 딸과 아들의 성기가 다르게 취급되는 것이 불편했다.

아들의 성기는 눈, 코, 입처럼 자연스러운 신체 일부로 대하면서, 딸의 성기는 제대로 된 호칭도 없이 민망한 대상으로 비밀스럽게 취급되었다. 남자아이들이 급하다고 하면 누가 보거나 말거나 길거리에서 오줌을 누이는 경우가 흔하다. 여자아이들은 아주 어릴 때부터 팬티만 보여도 속바지를 덧입히며 꽁꽁 숨기고, 피치 못하게 노상방뇨를 하더라도 옷으로 가리면서 그것이 부끄러운 일이라는 것을 알려주는 상황과 대비된다.

어느 온라인카페에 '아들이 어린이집에서 자꾸 친구들에게 자기 고추를 보여주는데 어찌 해야 할지 모르겠다'는 질문이 올라오자 이런 댓글이 달렸다. "어른들이 고추 어딨느냐고 물어보고, 만지면서 웃고 좋아하는 환경에 자주 노출되다 보면 아이는 자기 고추가 '사람들을 기쁘게 하는 것'이라고 인식해요. 친구들을 즐겁게 해주려는 의도일 거예요. 고추 어딨느냐고 묻는 어른이 있다면 못하게 하세요."

고추를 너무 좋아해준 어른들 때문에 '고추 보여주기'를 기쁜 놀이로 생각한다니, 웃지 못할 일이다. 시어머님께 이 일화를 말씀드리며 아이 성의식 발달에 안 좋을 수 있으니 고추 어딨냐고 묻거나 고추 좀 보자는 농담을 하지 않으셨으면 좋겠다고 말씀드렸다. 더욱이 남동생의 고추를 보며 즐거워하는 어른들의 모습을 지켜보고 있을 딸아이의 마음이 걱정스럽기도 했다. 다행히 나의 교육관을 이해해주신 어머님은 더 이상 아들의 성기에 우월감을 주는 농담을 하시지 않게 되었다.

성평등 교육은 '언어 바꾸기'에서 시작한다

"엄마, 한들이는 고추가 있는데, 나는 왜 없어?"

어느 날, 딸아이가 동생과 다르게 생긴 자기의 성기에 관심을 갖고 질문했다. 딱히 뭐라 설명해야 할지 몰라서 그게 남자와 여자의 차이라고 대충 얼버무렸다. 그런데 나중에 페미니즘 공부를 하면서 내가 얼마나 잘못된 교육을 하고 있었는지 깊이 반성하게 되었다. 나의 무지함은 두 아이에게 여성혐오 감각을 키우고 있었다.

"남자는 고추가 있고 여자는 고추가 없는 것이 아니에요. 남자는 음경과 고환이 있고 여자는 소음순과 대음순이 있습니다. 이렇게 표현을 바꾸니까 여자는 고추가 없는 열등한 존재가 아니라, 남자와 다른 성기를 가진 존재라는 점이 잘 드러나지 않습니까. 이렇게 인식해야 서로를 존중하게 됩니다. 이제부터는 있다, 없다가 아니라 모두 있다로 남성도 여성도 평등하다는 존중 의식을 키워주세요" _ 『당황하지 않고 웃으면서 아들 성교육 하는 법』, 손경이, 다산에듀, 49쪽

뒤통수를 한 대 맞은 기분이었다. 그때부터 내가 시작한 것은 딸의 성기를 '음순'으로, 아들의 성기를 '음경'으로 정확히 부르는 일이었다. 남자에겐 있고 여자에겐 없는 것이 아니라, 여자에겐 음순이 있고 남자에겐 음경이 있다는 것. '모두 있다'의 개념을 심어주며 한쪽의 결핍이 아니라 차이로 인식할 수 있도록 하려고 노력한다.

사람들은 남자아이들이 수줍어하거나 잘 울거나 인형을 좋아하면 "고추 떼버려라!" 한다. 조기 성차별 교육을 '고추'로 시작하는 셈이다. 어릴 때부터 농담 비슷하게 남성우월 의식을 심어주며 여자에게 없는 자랑스러운 고추가 있으니 여자보다 더 강해야 하고, 더 뛰어난 모습을 보여야 한다는 압박을 은연중에 가한다. 남편도 예전에 아들을 향해 종종 "고추 떨어진다" 같은 말을 하곤 했는데, 그럴 때마다 나는 성역할 고정관념을 강화하는 성차별적인 말이니 아이의 행동을 고추와 연관지어 말하지 않도록 당부했다.

아들에겐 음경보다는 고추라는 말이 더 귀엽고 친근했지만 여아들에겐 남아의 '고추'처럼 애칭이 없다는 것 또한 차별적인 상황이라서, 아들에게도 고추 대신 음경이란 말을 썼다. 여자의 성기와 생긴 모양이 비슷해서 '조개'라는 별칭이 있긴 하지만 고추처럼 자연스럽기보다는 비속어를 입에 올리는 듯 거북한 느낌이 든다. 여성의 성기를 지칭하는 용어는 남성들에 의해 쉽게 오염된다. 여성의 선택권은 태어나는 순간부터 신체의 일부를 지칭하는 일에서부터 제한되는 것이다. 왜 늘 남성들의 언어가 더 풍부한가.

내가 한참 아이들의 성기를 어떻게 불러야 할지 고민하고 있을 때, 남편도 여러 사람들의 의견을 듣고는 딸의 성기를 '소중이'라고 부르는 사람들이 많은데 우리도 그렇게 부르는 게 어떠

냐고 제안을 했다. 나는 동의하지 않았다. 성기는 여자든 남자든 소중한 건데, 왜 여자의 성기를 특정해 '소중한 것'이라고 의미 부여를 해야 하느냐고 반문했다. 여자의 성기는 순결해야 하고, 소중하게 다뤄야 한다는 압박으로는 평등한 성의식을 확립하기 어렵다. 사실 콕 집어 한쪽 성별이 성기를 소중하게 잘 간수해야 한다면 각종 성범죄의 가해자 대부분인 남성들이어야 하는 것 아닌가.

우리 사회는 아기 때부터 여자에게는 성에 대해 움츠러들게 하는 언어를, 남자에게는 자유분방한 언어를 사용함으로 불평등한 성인식을 키운다. 여자들과 다르게 남자들이 자신의 성욕을 숨기지 않고 당당하게 전시하는 이유가 이러한 사소한 말 한마디에 있다고 생각한다. 고추부심. 남성우월의식을 바꾸려면 성기를 대하는 근본적인 태도의 변화가 필요하다.

조기 교육을 합시다

"아빠, 생리했어?" 놀이터에서 네 살 된 아들이 아빠를 향해 던진 질문에 사람들은 깜짝 놀랐다. 다른 엄마들은 내게 당혹스러운 표정으로 애가 지금 무슨 소리를 하는 거냐고 물었다. 나는 평소 남성들의 성이 지나치게 개방적인 것도 문제지만 여성의 성이 지나치게 신비스럽게 감춰지는 것에도 문제가 많다고 느꼈다.

여자는 생리를 한다. 어쩌다 가끔 하는 것도 아니고 매달 5~7일을, 그것도 수십 년 동안 반복적으로 한다. 그러나 여성인 나조차 생리는 불경한 것, 은밀히 아무도 모르게 처리해야 하는 것으로 인식하며 생리를 안 하는 사람인 척 숨기며 살았다. 누군가 생리 중인 나의 몸 상태를 알게 되면 수치스러운 일상을 들키기라도 한 듯 부끄러워했다. 생리를 생리라 말 못하고 '그거', '마법'이라는 말로 암호화해서 소통했다. 지금 와서 생각해보면 참 웃긴 일이다.

최근 한 식당 화장실에서 생리대를 '생＊대' 라고 표기한 것을 보았다. 여자들만 쓰는 화장실에서도 생리대라는 단어를 은밀하게 쓰고 있는 걸 보곤 실소를 금치 못했다. 피할 수 없이 매달 마주하는 여성의 신체 변화를 왜 자연스럽게 받아들이지 못할까. 왜 우리 사회는 생리하는 여성에게 수치심을 심어주는 걸까.

세상은 남자와 여자가 함께 살아가고 있다. 남성과 여성의 극명한 차이가 생리라면 그 변화는 모두가 잘 알아야 할 필요가 있다. 남자들은 생리에 대해 무지하다. 잘 몰라서 한 달에 딱 하루 하는 줄 알거나, 생리대 광고에서 생리혈을 파란색으로 표현한 것을 보고 실제로도 여성의 몸에서 파란색 분비물이 나오는 줄 알거나, 생리를 오줌처럼 참을 수 있는 것으로 이해하는 남자들도 있다고 한다.

나는 4인 가족이 살고 있는 우리 집에서부터 생리에 대한 혐오와 무지를 부수겠노라 다짐했다. 여성인 내가, 엄마인 내가, 아내인 내가 생리를 한다는 것은 숨길 일도 부끄러운 일도 아니고 자연스러운 일라는 것을 알려주고자 했다. 우선 나부터 생리를 생리라고 말하는 일부터 시작했다. 아이들에게도 그 용어 자체를 익숙하게 들려주었다.

생리통으로 고생하고 있는데 아들이 놀아달라고 하면 솔직하게 "엄마가 오늘 생리해서 좀 힘들어. 쉬어야 해. 생리할 때는 컨디션이 안 좋으니까 네가 이해해줘"라고 말했다. 아이가 놀이터에서 "아빠, 생리했어?"라고 물었던 건, "아빠 힘드니까 혼자 놀고 있어"라는 남편의 말을 듣고, 아빠도 생리 땜에 힘든가 보다 짐작하며 던진 말이었다. 우리 부부는 한참을 웃다가 아들에게 남자는 생리를 하지 않는다는 사실을 알려주었다. 아이들은 아무런 편견 없이 정보를 흡수하는 능력이 뛰어나다.

나는 면 생리대를 사용한다. 세탁 전에 생리혈을 빼기 위해 물에 담가둬야 하는데, 이때 투명한 용기에 담아 화장실 한쪽에 놓는다. 이렇게 하면 아이들도 자연스럽게 엄마가 생리를 시작했음을 알고, 엄마의 변화를 감지하며 조금 더 배려해주는 게 느껴진다. 여자의 생리가 얼마 주기로 며칠을 지속하는지 감각을 갖게 되고, 종종 질문도 던진다. "엄마, 생리 시작했어?" "피를 너무 많이 흘린 것 같은데 안 아파?" "오줌 싸는 거랑 느낌이 똑같아?" "생리는 왜 하는 거야?"

얼마 전에는 온 가족이 〈피의 연대기〉라는 영화를 봤다. 영화를 본 후 아들은 "엄마, 생리컵에다가 보리차 마실 수 있어?"라는 엉뚱한 질문을 했다. 생리가 뭔지, 그 정확한 의미나 신체 변화를 이해할 수 없는 아이지만 이렇게 익숙하고 자연스럽게 여성의 생리를 알아갈 수 있는 분위기에 나는 만족한다. 아들은 내게 업어달라고 하기 전에 "엄마 생리했어?" 묻고 "아니"라고 답하면 "그럼, 나 업어주라" 한다. 아주 조금씩 여성의 몸에 대해, 생리에 대해 이해를 넓혀가고 있구나 싶어서 뿌듯하다.

나와 아이들과의 관계에도, 아이들이 살아가면서 맺게 되는 타인과의 관계에도 성에 대해 올바른 습관과 지식이 꼭 필요하기에 앞으로도 아이들과 함께하는 일상에서 자연스럽게 성적인 대화를 늘려갈 계획이다. 서로의 신체를 동등하게 바라보고, 차이를 이해하며 배려하는 삶을 가르치고 싶다. 영어, 한글 교육은 늦더라도 성평등 교육은 빠를수록 좋다고 믿는다. 몸의 변화를 자연스럽게 받아들이고 살아가는 아이들이 많아지다 보면 '생*대'라는 희한한 암호는 사라지지 않을까?

나의 첫 젠더교육

나의 살아온 날을 돌아본다. 생리를 막 시작했을 때, 아무런 준비 없이 학교에 갔다가 하의가 피로 물드는 지경에 이르렀지만 아무에게도 말하지 못하고 끙끙댔던 기억이 있다. 주변에 도움을 청할 생각은 전혀 못하고 도둑질하다 걸린 사람마냥 서둘러 집으로 돌아가며 혹시나 누군가 나의 생리혈을 봤을까 전전긍긍했다.

나이를 먹고 페미니즘을 만나게 되면서 이제야 억울하다. 자연스러운 신체 변화라고, 당황하지 않아도 된다고, 부끄러운 일이 아니라고 왜 아무도 내게 알려주지 않았을까. 신체 변화에 대한 이해도 부족했고, 남성과 건강하게 관계를 맺는 방법도 몰랐다. 내 몸을 있는 그대로 사랑하는 법도 몰랐다. 딸과 아들에게는 내가 살면서 느껴야 했던 어색함, 수치심, 민망함 등의 감정을 물려주고 싶지 않다. 왜곡된 성 구도와 성을 은밀한 것으로 취급하는 인식은 남자, 여자 모두에게 불행하다.

그런데 사실 아이들이 클수록 마음이 조급해진다. 일상생활 속의 고정관념, 편견, 혐오 표현, 차별 구조, 성별 억압을 잘 알아보고 그 틀에 갇히지 않는 자유로운 아이들로 키우고 싶지만 그동안 쌓아온 사회적 통념에서 나 스스로도 벗어나기가 쉽지 않기 때문이다. 내가 자라는 속도보다 아이들이 크는 속도가 훨씬 빠르다. 무엇을 어떻게 어느 시점에 가르쳐야 할지 막막하다. 내가 갖지 못한 기술을 전수한다는 것은 불가능한 일이 아닌가.

솔직히 아이들이 좀 더 자랐을 때 자위, 사정, 섹스 등에 관한 성적인 대화를 터놓고 편하게 나누는 모습은 상상이 되지 않는다. 누구와도 해본 적 없는 대화를 아이들과 자연스럽게 나눈다는 것이 가능할까. 그러나 지금 아이들과 생리에 대한 대화를 일상적으로 주고받듯 말하기 어려운 주제에 대해서도 더 많이 더 친근하게 나누고 싶다. 아이들에게 성에 대한 고민이나 호기심이 생겼을 때 모른 체하거나 다그치지 않고 아이의 입장에서 올바른 성인식을 키워줄 수 있는 엄마가 되고 싶다.

아이들 성교육을 잘 하고 싶다는 마음은 결국 나 자신을 성장시키고 있다. 내가 경험한 지난날의 수치심을 직시하고 그때의 나를 치유할 수 있는 힘이 생겼다. 여성의 몸에 대해, 남성의 몸에 대해 공부하고 서로 지켜야 할 성 예절은 무엇인지, 건강한 관계란 무엇인지 묻고 또 물으며 내 안의 젠더 감수성을 쌓고 있다. 공부할수록 나의 몸과 마음을 있는 그대로 더 사랑하게 되는 것 같다. 억압하고 감춰온 이야기를 당당하고 자연스럽게 말한다는 것은 쉽지 않은 일이지만 분명 필요한 일이다. 이렇게 중요한 공부를 왜 이제야 하고 있는지 아쉽지만, 아이들 덕분에 나는 지금부터라도 조금 더 자유로운 사람이 되어가고 있다.

(vol. 120, 2018. 11-12)

아버지와 아들을 위한 성교육이
필요합니다

극소수 나쁜 남자들의 이야기일까요?

'n번방 사건'이 보도되었습니다. 분노한 시민들은 범죄자의 신상을 공개하라고 청와대 국민청원도 올리고 법 개정 운동도 하며 유사 범죄의 재발을 막기 위해 움직이고 있습니다. 이번 사건이 언론에 공개된 후 시민들이 경악한 지점은 범죄의 끔찍함과 피해자들의 어린 나이뿐만이 아니었습니다. 동조자, 가담자들의 어마어마한 숫자에도 놀랐지요.

박신영 _ 글 쓰는 사람. 곧 군대 갈 조카와 'n번방 사건'을 이야기하다 이 글을 썼다. 명작의 역사 배경을 다룬 『백마 탄 왕자들은 왜 그렇게 떠돌아 다닐까』와 직장 성폭력 고소 경험을 담은 『제가 왜 참아야 하죠?』 같은 책을 냈다.

범죄자의 서사 따위야 궁금하지 않지만, 알고 보니 'n번방 사건' 주범 중 몇몇은 모범생이었다죠. 이웃에게 인사도 잘하고 봉사활동도 성실히 했다죠. 덕분에 알게 되었습니다. 성폭력은 변태적인 성의식을 지닌, 악마 같은 소수 남성들의 행위가 아니라는 것을. 우리 주위의 평범하고 흔한 남성들이 일상적으로 저지르고 있는데 들키지 않고 있을 뿐이라는 사실을.

이런 사건을 화제에 올리면 불편해하는 분들이 있습니다. '남성들을 왜 잠재적 범죄자 취급하느냐'며 화를 내는 경우도 꽤 있죠. 여성에게 폭력 범죄를 저지르는 남자가 극소수라면, 어떻게 이렇게 많은 성폭력 사건이 발생할 수 있을까요? 'n번방 사건'처럼 적극적으로 주민번호 인증을 하고 돈까지 보내가며 대규모로 가담한 범죄가 어떻게 일어날 수 있을까요? 정말 일부 남성들만의 문제일까요?

'n번방 사건'이 일어난 텔레그램 각각의 방에 가입한 자들이 총 26만 명 정도라고 합니다. 이 정도면 한 도시의 전체 인구죠. 춘천 혹은 군산, 순천, 경산시의 인구와 얼추 비슷하네요. 대략 대한민국 전체 남성 100명 중 1명꼴입니다. 중복 아이디를 제외하고 최소로 잡아도 5만 명은 넘는다고 하죠. 과천시 인구가 5만 8천 명입니다. 이 숫자 앞에서 '남성을 잠재적 가해자로 몰아가지 말라'는 말은 의미가 없습니다. 어떻게 한 국가 안에 적어도 5만에서 최대 26만으로 추산되는 범죄자 집단이 존재할 수 있을까요? 이쯤 되면 대한민국 전체를 성폭력 특별재난지역으로 선포해야 하는 것 아닙니까?

피해 예방이 아니라 가해 예방이 되어야 합니다

이렇게나 많은 남성들이 성착취 범죄에 가담했다는 것은 우리 사회에 '여성혐오'와 '강간문화$^{\text{Rape Culture}}$'가 만연해 있다는 증거입니다. '여성혐오'는 여성을 싫어하는 것이 아닙니다. 여성을 남성과 같은 인간으로 보지 않고 남성을 위한 이용 대상으로 보는 것을 말합니다. '강간문화'는 여성에 대한 성폭력을 용인하고 여성에 대한 폭력과 착취를 남성들의 유희, 이익 창출의 수단으로 삼는 그릇된 사회문화를 말합니다. '강간문화'라… 말이 좀 험해서 거부감 들 수도 있겠습니다만, 사회학 전문용어를 번역한 것이니 일단 이렇게 씁니다.

생각해보십시오. 그동안 '남아선호 사상'이나 '남존여비 사상'은 뭐 좋은 것이라고, 태중 여아를 죽이고 태어난 여성을 차별하면서도 그럴 듯하게 '사상'이라고 부르면서 살지 않았습니까. 마찬가지입니다. 무엇이라 이름 붙이든, 우리 사회에 이런 현상이 있는 것은 사실입니다. 이런 현실을 인정해야 잘못된 문화를 바꿀 수 있습니다. 성폭력을 허용하는 문화를 바꿔야 우리 아이들이 잠재적 가해자와 피해자가 되는 것을 막을 수 있습니다.

'n번방 사건'의 피해자는 물론 가해자도 10대들이 많습니다. 텔레그램 박사방의 범죄자인 부따 강훈, 로리대장태범 배 씨, 커비 조 씨 모두 10대입니다. 또 다른 보안메신저 디스코드에서 성착취방을 운영하거나 성착취물을 유포해 검거된 이들 10명 가운데 8명도 10대 청소년이었습니다. 부모들은 자녀가 피해자가 되는 것 이상으로 가해자가 될까봐 걱정하고 있습니다. 끔찍한 이 범죄를 통해 사람들은 성폭력 범죄를 근절하려면 '가해자'를 막아야 한다는 사실을 비로소 알게 된 셈이지요.

수사가 시작되자 'n번방 사건'에 가담했던 이들이 '이렇게 큰 일인 줄 몰랐다'며 목숨을 끊은 사례가 두 건 보도되었습니다. 애초에 그것이 범죄라는 것을, 잘못된 행동이라는 것을 몰랐을까요? 아닙니다. 평범한 대부분의 남성들은 성폭력이 범죄라는 것을 잘 알고 있습니다. 그런데 왜 이렇게나 많은 성범죄가 끊임없이 일어날까요?

그 이유 중 하나는 피해여성에 대한 사회적 편견에 있습니다. '성폭력을 당한 여성에게도 잘못이 있다'라는 편견입니다. 실제로 프랑스나 영국에는 '창녀를 강간하면 무죄'라는 법이 있다가 근대 초기에 폐지되었죠. 창녀가 아니더라도 성경험이 있는 여성을 강간하면 어느 시대 어느 나라에서라도 무죄 선고를 받고 풀려나기 일쑤였습니다. 우리나라에서도 1995년 개정 전까지 성폭력을 규정한 형법 제32장은 '정조에 관한 죄'였습니다. 법은 보호해야 할 정조와 그렇지 않은 정조를 구분했습니다. 국가는 정조가 없다고 판단되는 여성은 성폭력을 당해도 보호해주지 않고 가해남성에게 무죄를 선고했습니다.

이런 역사적 유래가 있어서 지금도 성폭력 사건이 공론화되면 가해자들은 늘 말합니다. '피해여성이 먼저 꼬리쳤다'고요. 성폭력 관련 기사를 접하는 사람들도 이렇게 반응하는 경우가 많습니다. '여성에게 문제가 있었으니까 당했겠지.' 이번 n번방 성착취 사건의 피해자를 두고도 인터넷 기사문에 '피해여성들의 잘못도 있다. 그럴 만해서 당했다'는 댓글이 꽤 달려 있습니다. 일탈계정을 운영하여 자신의 사진을 올리거나 알바를 스스로 원했다죠. 그러나 그게 성폭력을 당하고 싶다는 의사를 표현한 것은 아닙니다. 여지를 먼저 제공했다니요? 박사 등 주범들이 피해여성들을 '걸레'이며 '노예'라고 소개하기에 다들 스포츠 동영상 보듯 성폭력을 응원하고 즐겼던 것이지요. 범죄에 가담한다는 의식도, 죄책감도 없이.

더구나 평소 행실에 문제가 있으면 성폭행을 해도 되나요? 아무리 초록불에 좌우 살펴서 손 들고 횡단보도를 건너도, 운전자가 차 몰고 돌진하면 그냥 교통사고 당하는 겁니다. 보행자가 조심하지 않은 것이 사고의 원인이 아닙니다. 성폭력 사건도 마찬가지입니다. 성폭력의 원인은 오직 하나, 가해자입니다.

그동안 반反성폭력 운동의 역사를 살펴보면 대중들의 강력한

지지를 받아 성폭력 관련 법이 제정, 개정, 보완, 강화될 때가 있습니다. 조두순 사건처럼 누가 봐도 무고하고 순진한 여성이 끔찍한 피해를 당했기에 온 국민이 한마음으로 분노하게 되었을 때였습니다. 즉, '가해자다운 가해자에게 당한 피해자다운 피해자'가 중요했던 것이죠.

이번 'n번방' 사건을 계기로 더 나아가야 합니다. 절대 피해자의 자격을 따져서는 안 됩니다. 그래서는 문제가 해결되지 않습니다. 피해여성의 약점을 잡거나 협박해 일부러 도덕적 성적 약점을 만들어내어 범죄를 저지르는 경우가 많기 때문입니다. 이래서는 아무리 딸들을 조심시켜도 작정하고 덫을 놔 범죄를 일삼는 가해자들을 막을 수 없습니다. 그러니 몸조심하라고 딸들을 단속하기보다 아들들을 가르쳐야 합니다. 이 잘못된 사회의 여성혐오, 강간문화에 젖어 살다 보면 자연스레 '행실에 문제가 있는' 여성은 성폭력이나 성착취를 당해도 된다고 생각하고 행동하게 됩니다. 그게 아닙니다. 모든 여성, 모든 인간에게 하는 폭력은 다 잘못입니다. 바로 이 점을 아들들에게 제대로 가르쳐야 합니다. 성교육은 이제 피해 예방에서 가해 예방으로 바뀌어야 합니다.

아버지를 위한 성교육이 필요합니다

아이들은 학교뿐만 아니라 가정과 사회에서 배우며 자랍니다.

그렇다면 어른들 각자가 가정과 사회에서 할 수 있는 일은 무엇이 있을까요? 아이들이 피해자 혹은 가해자가 되지 않도록 하려면 어떤 지점을 고민해야 할까요?

'n번방 사건'의 피해자들은 가해자에게 복종하여 스스로 성착취 동영상을 찍어 보냈습니다. 지인들에게, 학교에, 세상에 알리겠다는 협박을 받았기 때문입니다. 특히 10대 학생들의 경우 부모에게 알리겠다는 협박을 가장 무서워했습니다. 피해를 당하고도 경찰에 신고하지 못한 가장 큰 이유였죠. 미성년 피해자들이 경찰에 수사를 요청하려면 부모님을 대동해야 하는데, 아버지에게 혼날 것이 무서웠다고 합니다. 아버지 역시 이 사회의 그릇된 문화에 젖어 있기에, 딸이 피해자가 되어도 딸의 행실부터 탓하기 마련입니다.

전통적으로 가부장제 아래에서 아내와 딸은 가장의 사유 재산입니다. 망가지면 가치가 떨어지니까 가장의 관리 하에 있어야 합니다. 그러니 딸의 성적 일탈은 가장인 자신의 명예를 훼손하고 배신한 것이 되고, 아버지의 분노는 가해자가 아니라 딸에게 향합니다. 성폭력의 빌미를 제공한 딸이라면 당해도 할 말이 없고 세상에 알려지면 집안 망신이라 생각해 딸을 포기해버립니다.

2018년 미투 고발이 터져나오기 시작할 때 '저건 성폭력이 아니라 화간이야, 불륜이야, 꽃뱀이야'라고 말하는 아버지를 보았다면, 짧은 치마를 입고 외출하는 자신에게 '남자 꼬시려고 이렇게 입었냐'고 야단치는 아버지를 겪었다면, 텔레비전을 보다가 여성이 담배 피우는 장면에서 욕하는 아버지를 목격했다면, 평소 어머니에게 권위를 부리거나 폭력적 언행을 하고 딸인 자신에게 성차별 발언도 자주 하는 아버지였다면, 딸은 아버지가 어떤 사람인지 잘 알기에, 성착취 협박을 받고 있어도 부모에게 알리지 못하고 점점 더 끔찍한 범죄 피해를 당하게 됩니다.

그러니 아버지가 바뀌어야 합니다. 평소에 딸 앞에서 '여자와 그릇은 내돌리면 금 가서 못 쓰게 된다' 따위의 말을 하지 말아야 합니다. 남성 가해자의 입장에서 말하고 행동하는 성차별적 사고 방식을 고치고, 무슨 일이 있든 아버지는 딸 편이라는 메시지를 평소에 주어야 합니다. 믿음을 주어야 합니다. 그래야 협박 받자마자 그나마 피해가 적은 단계에서 가해자로부터 벗어날 수 있습니다. 성폭력범과 똑같이 말하고 행동하는 아버지라면 딸은 결코 도움을 청할 수 없습니다.

성교육의 핵심은 성차별 방지 교육입니다

요즘 세상 많이 좋아지고 부모들도 달라져서 남녀차별 그런 거 없다고 생각하는 분이 계실지 모릅니다. 정말 그럴까요? 부모 세대와 달리 자녀 세대는 교육기회에 있어 성차별 없이 고등교육을 받고 있습니다. 그러나 이는 산아제한 가족계획의 효과입니다. 자녀가 한두 명이다 보니 딸에게도 가정 내 자원을 배분해주고 지원해주게 된 것이지 사회 분위기가 평등해져서가 아닙니다.

각종 공시 수석을 여성 지원자들이 차지하며 걸파워, 여성 우위 시대라고도 합니다. 그럼에도 왜 이렇게나 여성을 향한 끔찍한 성폭력 범죄가 사회에 만연할까요? 전통적으로 남성들이 갖는 특권을 강제로 포기당하게 되자, 반사적으로 가장 원초적이고 폭력적인 방법으로 여성을 지배하려는 움직임이 남성들에게 생겼기 때문이라고 생각합니다. 바로 성폭력의 방법으로요.

이런 성폭력은 여성을 같은 인간으로 보지 않기에 일어납니다. 헤어지자고 말한 여자친구를 때리고 죽이는 사건이 많습니다. 여성을 동등한 파트너가 아니라 자신의 소유물로 보기에 생기는 일입니다. 밥을 안 차려줬다고 부인을 때리고 죽이는 사건도 자주 일어납니다. 여성을 일생의 반려자가 아니라 자기 시중드는 존재로 보기에 생기는 일입니다. 이렇듯 강간 등의 '성적' 폭력만이 성폭력이 아닙니다. 여성을 남성보다 낮은 존재로 보기에 생기는 모든 폭력이 다 넓은 의미의 성'폭력'입니다.

여성이나 어린 사람 등 약자를 착취하고 지배하는 것이 강한 남성성의 증거라고 생각하는 것, 여성을 같은 인간으로 보지 않기에 벌레 다리를 잡아떼며 낄낄거리던 어린 시절의 잔인한 장난을 여성에게 하는 것, 여성을 성착취해서 인신매매 돈벌이 수단으로 삼는 것, 여성을 인권을 지닌 동료 시민이 아니라 성적 대상으로 여기며 직장 내에서 성희롱, 성추행하는 것… 사회에 만연한 이런 문제를 고치려면 섹스, 피임 이런 게 아니라 넓은 의미의 성교육이 필요합니다. 기성세대인 아버지들부터 아들에게 올바른 남성성을 모범으로 보여야 합니다. 아들 세대의 보편적인 성범죄를 '그 나이 때는 그럴 수도 있지'라고 용인하고 지나가서는 안 됩니다. 범죄가 범죄로 안 보이시나요? 그렇다면 아버지들이 배워야 합니다. 스스로 세상을 예전과 다른 기준으로 보고 먼저 변화하고자 노력해야 합니다. 아들들이 보고 배울 수 있도록.

그렇다고 "남자는 여자를 때리면 안 돼"라고 가르치지 마십시오. "원래 모든 인간은 때리면 안 된다"고 가르치십시오. "여자를 아끼고 위해주며 좋은 것을 양보하라"고 가르치지도 마십시오. "여자를 동등한 동료 시민으로 존중하라"고만 가르쳐도 됩니다. 성교육의 핵심은 성차별 방지 교육, 인성교육, 인권교육이기 때문입니다.

그동안 성폭력 사건이 발생하면 온갖 비난은 피해여성이 받고, 가해남성은 약한 처벌을 받아 쉽게 사회에 복귀하곤 하는 문화 때문에 오늘의 'n번방 사건'이 벌어졌습니다. 여성을 같은 인간으로 보지 않는 여성혐오의 시선, 가부장이 보호해야 할 순결한 여성과 성폭력을 가해도 괜찮은 '원래 문제 있는 여자'로 바라보는 문화가 고쳐지지 않으면 수많은 'n번방 동조자'도 끊이지 않을 것입니다. 아들들을 가해자로 키우지 않기 위한 성교육과 올바른 남성성을 보여줄 아버지를 위한 성교육이 절실히 필요한 때입니다.

(vol. 129, 2020. 5-6)

남성이 왜
페미니스트가 되어야 하냐면

최근 '개인방송계의 대통령'이라고 일컬어지는 한 남성이 군대를 다녀와서 방송에 복귀해 화제가 됐다. 그가 최근 만든 유튜브 영상을 봤다. 눈을 가린 남성이 아홉 명의 여성과 스킨십을 하면서 그중 자신의 아내를 찾는 내용이었다. 기괴하고 이상한 콘텐츠였다. 심지어 참여한 여성을 향해 욕설까지 하는 것을 보면서 적잖이 기겁했는데, 이 영상의 조회 수는 88만 회에 육박한다.

페미니즘이 일종의 '시대정신'으로 굳어지고 있는 때이지만, 여러 '개인방송'을 보면 마치 딴 세상에 있는 듯한 느낌이 든다.

박정훈 _ 오마이뉴스 사회부 기자. '젠더' 관련 기사를 주로 쓰고 있으며, 제20회 양성평등미디어상 보도 부문 최우수상을 수상했다. '남성의 페미니즘 수용'을 주제로 한 『친절하게 웃어주면 결혼까지 생각하는 남자들』이라는 책을 출간했다.

여성을 향한 성적 대상화는 너무나 자연스럽고, 남성의 포르노 소비가 희화화되는 분위기는 여전하다. 페미니즘에 대한 노골적인 조롱과 반발은 과거보다 더 심해졌다는 느낌이다. '재미'가 곧 올바름이 되고, 혐오표현이나 성희롱에 대한 지적은 '선비질'이라며 폄하되기 일쑤다. 문제 제기가 불가능한 구조다.

그래서 어린이와 청소년이 개인방송을 즐겨 본다는 사실이 우려스럽다. 개인방송을 통해 성별 고정관념이 강화되거나, 여성과 남성의 관계 맺기에 대해서도 남성중심적이고 폭력적인 방식을 '옳다'고 믿으며 받아들일 수 있어서다. 생각보다 미디어는 힘이 강력하다. 나는 최근 유튜브를 많이 보면서 나도 모르게 '국룰(일종의 '불문율'을 뜻함)'이라는 말을 사용하고, 유행하는 성대모사를 계속 따라 하다 주변 사람들에게 지적받은 적이 있다. SNS에는 남편이나 남자친구가 팟캐스트 진행자나 유튜버의 말투를 따라 해서 걱정스럽다는 이야기도 들린다. 타인의 영향을 받기 쉬운 청소년들이 개인방송에 나오는 욕설이나 이성을 향한 태도를 모방하는 것은 충분히 예상할 수 있는 일이다.

나의 일그러진 남성성

나는 대학생 시절 여자친구와 데이트를 하다가 싸운 적이 있다. 다투던 중에 메고 있던 가방을 벗어 길거리에 집어던지고 씩

씩거리면서 그곳을 떠났다. 당시 상황이 아직도 기억나는 것은 나 자신조차도 이해할 수 없는 행동이었기 때문이다.

생각해보면 자라면서 보아온 드라마 속의 남성들이 비슷한 행동을 했다. 제 마음대로 안되면 소리를 지르고, 물건을 던지면서 자기 뜻을 표현했다. 그리고 그것은 마치 '순정'처럼 묘사되곤 했다. 마치 조곤조곤 말하면 큰일이라도 나는 듯, '박력'이라는 것이 무엇인지 보여주겠다는 듯 행동하던 남자들이 기어코 뜻을 관철해서 여성의 마음을 얻어냈다. 지금 기준에서 그들은 '데이트 폭력범'이나 다름없다.

각종 미디어에서는 일단 마음에 드는 여성이 있으면 무작정 구애를 하라는 이야기들이 넘쳐났고, 그것이 '남자다운 행동'으로 여겨졌다. 실제로 또래 남자들 사이에서도 언제나 남성이 여성에게 '먼저 표현하는 것'이 당연하다는 인식이 팽배했다. 여성의 감정을 고려하고, 눈치를 살피라는 말은 누구도 하지 않았다. 모든 행동의 기준은 상대방이 아닌 '나'였다. 뭔가 이상하지 않은가? 타인과 관계 맺기에서 가장 중요한 요소는 '소통'과 '이해'다. 그런데 남성들은 대체로 '마음 가는 대로 하면 된다'는 말을 들어왔다. '열 번 찍어 안 넘어가는 나무 없다'는 말은 사라지지 않고 시대에 맞춰 조금씩 세련되게 변화했을 뿐이다.

나 또한 여성과의 관계가 기본적으로 '인간관계'라는 것을 이해하지 못했다. 상대방의 마음을 얻을 수도, 그러지 못할 수도 있다. 그런데 내 뜻대로 안된다는 데 화가 났다. 소위 '썸'을 한참 타다가 멀어진 여성에게, 술을 마시고 '원망의 문자'를 보낸 부끄러운 기억도 있다. 좋아하는 이와 사귀지 못한 것을 남성으로서 무능함을 보인 '실패'처럼 생각했다.

이성 간에는 친구가 될 수 없다고 여기는 문화에서 남성은 여성을 친구나 동료보다는 성애의 대상으로 여겼고, 또 그것을 정당화하는 사회 분위기가 있었다. 여성을 '어떻게 꼬셔볼 수 있을까'가 남성이 여성과 관계 맺는 기본 관점일 때, 여성은 정복과 지배의 대상이거나 일종의 트로피처럼 여겨질 수밖에 없다. 여성을 향한 폭력성을 조장하는 구조였던 것이다.

과거의 나는 친구들이 만나는 여성을 성적으로 묘사할 때 적극적으로 제지하지 않았다. 옳지 않다고 생각하면서도 말하지 않았던 이유는, 아마 여성의 성을 매개로 친목을 다지는 것이 주류 남성문화였기 때문일 것이다. 이런 문화에 태클을 거는 것은 '혼자 잘난 척한다'는 조롱을 감수해야 하는 일일 수도 있다. 그래서 나를 포함한 많은 남성이 비겁하게 함께 웃었다.

하지만 페미니즘을 공부하면서부터 성적 대상화로 고통을 겪는 여성들의 이야기를 보고 듣는 일이 잦아졌다. 나의 웃음이나 침묵이 여성을 억압하는 구조를 유지하는 데 일조한다는 사실을 깨닫게 되면서, 내 태도는 달라지기 시작했다. 당장 설득하는 일은 어렵더라도 적어도 눈치는 보게 만들고 싶었기에, 남성들 사이에서 종종 '흥'을 깨는 지적을 하기 시작했다. 이로 인해 비난을 받은 적도 있지만, 이후 함께 변화한 친구들도 있다.

페미니즘은 공고한 남성문화에 균열을 내고, 남성에게 여성과 관계를 맺는 다른 방식을 제시할 수 있다. 남성 중심의 사회에서 여성을 동등한 사람으로 대하고 구체적으로 이해하기 위해 페미니즘이 필요하다.

'사랑을 가능하게 만드는' 페미니즘

대학생들을 대상으로 '탈연애' 관련 설문조사를 한 신문기사[1]를 살펴보면, 여성은 무려 절반이 연애 안 하는 삶을 긍정했지만, 남성의 경우는 8퍼센트에 불과했다. 인터뷰에 응한 여성들은 "기존의 연애 방식이 가부장적"이라고 말하거나, "이성애 관계가 근본적으로 여성에게 불평등하다"고 밝혔다.

구애와 연애 그리고 결혼과 가족 구성 등 이성애의 모든 과정이 여성에게 불리한 구조이니 젊은 여성들이 남성들보다 '이성연애'에 대한 욕구가 적은 것은 당연하다. '착한' 남자, '평범한' 남자라 해도 상대방을 불평등한 조건에 처하게 한다는 데에 문제가 있다.

---

[1] "'한국남자랑 연애 안 해' 20대 여성 절반이 '탈연애' 왜", 《중앙일보》, 2019. 09. 20

섹스를 할 때 임신에 대한 불안감에 휩싸이는 것은 대체로 여성일 수밖에 없다. 월경이 조금만 늦어져도 불안해해야 하고, 임신이라도 하게 되면 상상하기조차 힘든 짐을 짊어져야 한다. 결혼도 여성들에게는 커다란 압박이다. 남성은 그저 자기 할 일을 하지만, 여성은 '사랑한다'는 이유로 선택의 폭을 좁히거나, 삶의 방향을 바꾸어야 하는 경우가 부지기수다.

지금껏 남성들은 이러한 여성들의 고통에 대해 전혀 고민하지 않았다. 자신과의 관계 때문에 여성이 삶에서 커다란 위험요소를 짊어진다는 것을 몰랐거나 애써 외면해왔다. 이러니 '평등한 관계'가 어려울 수밖에 없다. 결과적으로 여성 입장에선 남성과의 연애나 결혼이 삶을 억압하는 것이 되고, 이런 상황에서 이성 간의 '사랑'은 가당치도 않다.

『82년생 김지영』이 페미니즘의 아이콘이 될 수 있었던 것은 가부장제 사회에서 여성의 삶을 지극히 사실적으로 보여주었기 때문이다. 주류 남성의 관점에서는 여성의 삶이 구체적으로 보이지 않는다. 이 책은 지금껏 낭만적으로 미화되거나 왜곡되었던 여성의 삶을 새로운 '맥락' 속에서 보게 했다.

남성들은 남성이 만들고 기득권을 유지하고 있는 시스템인 가부장제 속에서 살고 있다. 그렇다면 이 사회에서 무난하게 교육받고, 기성의 관습을 따르고, 평범하게 살아가다 보면 당연히 가부장제의 원리를 충실히 이행하는 사람이 될 수밖에 없다. 영화

〈82년생 김지영〉의 남편 대현(공유 분)이 멋지고 선량한 인간인 것과 별개로 지영(정유미 분)이 고통을 겪은 것은 이와 같은 현실을 상징하는 장면이다.

왜 남성에게 페미니즘이 필요하냐고 했을 때, 흔히 '맨박스' (가부장제 사회에서 강요받는 '남자다움')에서 벗어날 수 있다는 이야기를 한다. 그 말도 옳지만, 나는 페미니즘이야말로 남성이 여성과 평등한 관계를 맺고 온전히 사랑할 수 있는 길이라는 점을 강조하고 싶다. 여성이 겪는 차별과 억압을 이해하고 이를 변화시키기 위한 문제의식을 키울 때, 적어도 자신도 모르게 '억압자'나 '가해자'가 되는 일은 피할 수 있다. 더불어 기존 남성문화 속에서 키워온 '자기중심성'을 극복하고 상대를 이해하는 법을 터득할 수 있다.

성평등은 말로만 되는 것은 아니다. 미국의 흑인 페미니스트 오드리 로드는 "주인의 도구로는 결코 주인의 집을 무너뜨릴 수 없다"[2]고 말한다. 이 말은 남성들이 더 이상 집(사회)을 독점하는 주인이기를 포기해야 함을 뜻한다. 그런데 알다시피 주인 노릇을 하는 이들 역시 그다지 행복하지 않았다. 사랑하지 못해서, 사랑받지 못해서 불행했다. 그러니 주인 노릇 하느라 유지하고 있었던 기존의 관습과 고정관념을 과감히 버려야 한다. 페미니즘은

---

2 오드리 로드, 주해연 · 박미선 역, 『시스터 아웃사이더』, 후마니타스

그 '불행한 주인'의 위치를 버리고 다 함께 주인으로 잘 사는 길을 제시해줄 수 있다.

지금까지와는 다른 남성성에 주목하며

남성들이 페미니즘을 수용하려면 기존의 남성문화에 대한 반성이 선행되어야 하기에 여전히 갈 길이 멀다. 'n번방 사건'은 요즘 젊은이들의 '극악무도한 엽기행위'처럼 여겨지지만, 실제로는 오래전부터 여성의 인권은 아랑곳하지 않고 불법 촬영 영상을 소비해온 행태가 더 흉악한 방식으로 발전한 것에 가깝다.

'n번방 사건'을 나와는 상관없는 일탈 행위로 생각하는 것은 페미니즘의 관점이 아니다. 이런 성착취가 일어날 수 있었던 배경과 구조를 살피고, 이를 통해 남성이 여성을 같은 인간이 아닌 성적인 도구로 여기는 '강간 문화'를 유지해왔다는 것을 깨닫는 게 우선이다. 그리고 이에 대한 책임에서 자신을 포함한 어떤 남성도 자유로울 수가 없다는 사실을 인지해야 한다. 성찰과 '새롭게 보기'의 과정을 거쳐야만 변화된 인식을 가질 수 있다.

또한 이 사건을 계기로 다음 세대의 교육을 새롭게 고민해야 한다. 10대들을 기성세대처럼 자라게 할 수는 없다. 다른 남성문화, 다른 남성성에 주목해야 할 때다. 상황은 녹록지 않다. 이미 남자 고등학교에서는 '반 페미니즘'이 기승을 부리고 개인방송에 자주 등장하는 여성혐오적인 말들이 흔히 쓰이고 있어 성평등 강사와 일선 교사들이 수업에 어려움을 겪는다고 한다.

실제로 한 학생이 오마이뉴스에 기고한 '남고생의 눈으로 본 페미니즘'이란 글에 "여자는 낮에는 집안일 하고 밤에는 침대로 가는 존재야"라는 말을 다들 웃어 넘긴다는 이야기가 나온다. 15년 전 내 고등학생 시절과 달라진 게 없어 보인다. 다만 젊은 층에 페미니즘이 확산되고 있다는 사실은 긍정적이다. 10대 남성들에게 페미니즘이 여성우월주의나 남성을 혐오하는 사고체계가 아니라 '평등'을 위한 것임을 깨닫게 하고, 그들이 여성을 비하하고 억압하는 단어들을 쓰지 않도록 가르치는 게 중요하다.

남자아이들을 페미니스트로 키우기 위해서는 무엇보다 '남성 롤모델'의 역할이 중요하다. 페미니스트인 아버지나 선생님의 모습을 어려서부터 보고 자란 아이들은 쉽게 여성혐오적 미디어에 휩쓸리지 않을 터다. 무엇보다 그들이 주변 여성들에 대해 이야기하고 관계 맺는 방식을 보면서 '건강한' 남성성을 보고 배울 수 있을 것이다.

『저는 남자고, 페미니스트입니다』의 저자 최승범 교사는 '남학교에서 펼쳐지는 남교사의 젠더교육'(『민들레』 113호)에서, 남성인 자신의 페미니즘 실천이 남학생들을 변화시킨 사례를 들려주었다. 그중 페미니즘 책을 읽고 독서교육종합지원시스템에 감상문을 올린 학생이 여섯 명이나 있었는데, 그들은 책을 읽은 후 생각이 달라졌다고 고백했다. 또한 페미니즘에 부정적인 시각을 가진 학생이 그의 글 '나는 왜 남페미가 되었는가'를 읽은 뒤, "제가 오해했고, 추천해주신 책도 다시 한 번 읽어보겠다"고 말한 사례를 언급했다.**3** 최승범 교사와 같은 남성 교사가 각 학교에 두세 명만 있어도, 젊은 남성들의 '안티 페미니즘' 현상도 바뀌지 않을까?

'남자어른'들이 먼저 변화하면 '남자아이들'도 바뀐다. 페미니스트가 아닌 것을 부끄러워 해야 하는 세상에서는 여성을 대상화하거나 억압하는 남성이 자라날 수 없을 것이다. 이제 남성에게도 '페미니즘'이 '시민의식'처럼 시민으로서의 상식과 표준으로 여겨지는 사회가 되기를 바란다.

(vol. 130, 2020. 7-8)

---

3 '남학생의 왜곡된 성관념, 조금만 알려줘도 확 바뀌더군요', 《경향신문》, 2017. 07. 10.

남학교에서 '메갈쌤'이 던지는 질문

왜냐고 묻는다

"왜요?" 학생들은 자주 묻는다. "왜 하복 안에는 흰색 티만 입어야 돼요?" "왜 맨날 3학년이 먼저 밥 먹어요?" "왜 학교에 오토바이 타고 오면 안 돼요?" "전 대학 안 갈 건데 모의고사 볼 때 그냥 자면 안 돼요? 왜 안 돼요?"

"왜 그럴까요?" 나도 자주 묻는다. "강릉여고는 있는데 왜 강릉남고는 없을까요?" "'신랑신부' '형제자매'처럼 평소에는 남자

최승범 _ 강릉 명륜고등학교 교사. 학생들은 '교복 입은 시민'임을 강조하며 민주적인 교사인 척하지만, 수틀린다 싶으면 권위적으로 몰아붙이는 자신의 모습에 자주 괴로워한다.

를 앞세우면서 왜 욕할 때는 '년놈'이라고 할까요?" "김소월의 시는 여성적이고 이육사의 시는 남성적이래요. 이 표현 어때요?"

나는 학생들 사이에서 '메갈쌤'으로 불린다. 학급문고에 페미니즘 책을 가져다 놓고, 수업시간에 성차별, 성평등 이야기를 자주 하며, 페미니즘 문구가 적힌 옷을 입고 다니기 때문이다. 10대 남학생의 사고 체계에서 페미니즘은 곧 메갈(메갈리아)이며, 메갈은 남자를 공격하고 혐오하는 나쁜 여자들이다. 그런데 우리 학교에 있는 선생님, 그것도 남자 선생님이 메갈이라니. 학생들 입장에서는 황당할 법하다.

10대 남학생들은 여성이 사회적 약자라는 사실을 잘 이해하지 못한다. 옛날에는 약자였을지 몰라도, 지금은 남자가 더 차별받는 역차별의 시대라 생각한다. 이들이 걸어왔을 삶의 궤적을 생각하면 이해가 안 되는 건 아니다. 공부도 여학생이 잘하고 알바도 여학생이 잘 구한다. 선생님들도 여학생을 더 예뻐한다. 자기네는 군대도 가야 하는데, 여학생들은 안 간다. 심지어 데이트 비용도 남자가 더 많이 내야 할 것 같은데, 여자가 사회적 약자라니. 도저히 이해할 수 없다.

또래 여학생들과 떨어져 지내니 숭배와 멸시가 동시에 발생한다. 예쁜 여자 개인을 갈망하지만 '남자 등쳐먹는' 여성 전반에게는 혐오가 따라붙는다. 군대도 마찬가지다. 남자에게 병역의 의무를 지운 건 남자이지만 욕은 여자에게 한다. 홀수 번호에게만 청소를 떠맡긴 담임에게 항의하는 대신 청소에서 면제된 짝수 번호를 공격하는 모양새다. 사실 남성에게 데이트 비용 부담을 지운 건 남성이다. 가부장제와 남성연대^{Homosocial}는 남자라면 모름지기 제 몫의 처자식을 가져야 하며, 그들을 부양할 능력이 있어야 한다는 신화를 만들었다. '남자답게' '남자가 쪼잔하게' '남자가 우냐?'와 같은 말로 남성성을 자극하고 남성성의 스펙트럼을 좁히는 쪽도 대개 남자다. 남자들은 '돈 안 쓰는 남자'로 인식되는 데 두려움이 있지만, 여자들에겐 여자로 사는 것 자체가 공포다. '돈 쓰면 된장녀, 안 쓰면 김치녀'이기 때문이다.

2015년 10월 한국여성정책연구원이 발표한 보고서 〈남성의 삶에 관한 기초연구Ⅱ〉에 따르면, 응답자 중 남성의 54.2퍼센트가 '김치녀, 된장녀, 김여사' 등의 여성혐오 표현에 공감한다고 답했다. 특히 남자 청소년은 66.7퍼센트가 이에 공감한다고 밝혀 전체 여성응답자의 24.1퍼센트보다 세 배 가량 높은 수치를 기록했다. 어렸을 때부터 당해왔던 성차별, 일상생활에서 겪는 성폭력의 공포감 등은 또래 여성에게서 듣지 않는 한 접할 기회가 없다. 인권 감수성의 촉수가 예민한 몇몇 학생들에게만 다가갈 뿐이다. 대상화, 타자화를 하지 않으려면 같은 공간에서 함께 어울려 살아야 한다. 섞이고 엮이는 환경이 마련돼야 앎의 현장을 삶의 현장으로 확장할 수 있다. 그래서 장기적으로는 중등교육에서 모든 단성학교가 혼성학교로 전환되어야 한다고 본다.

지금 알고 있는 걸 그때 알았더라면

남학생들 사이에는 거칠고 상스럽게 말할수록 멋있고 쿨한 것으로 인식되는 문화가 있다. 욕설의 대상은 때로 사회적 약자와 소수자를 향하기도 한다. 이 경우 여성이 비하의 주된 대상이 된다. 나도 고등학생 때는 마초 문화에 젖어 경쟁적으로 여성을 성적으로 대상화하고 비하했던 전력이 있다. 운 좋게 만난 사람들 사이에서 20대를 통과한 덕에 지난날의 잘못을 깨닫고 반성할 수 있었다. 소속 학과에서 성추행 사건이 일어나 교수가 파면당하고, 여성주의학회에서 열렬히 활동하는 남자 후배를 만나거나, 중학생 때부터 페미니즘 영화평론가의 팬이었던 후배와 친해지는 것은 보편적 사례가 아니다. '나처럼 특수한 경험을 하지 않은 사람도 페미니즘을 알게 되면 좋을 텐데' '내가 좀 더 어렸을 때 이런 얘기를 해주는 사람이 있었으면 좋았을 텐데'라는 생각을 여러 번 했다. 교직에 선 후, 내가 그런 역할을 해야겠다고 생각해 작년부터는 남학생들의 젠더 감수성을 높이기 위해 아래와 같은 노력을 하고 있다.

학급문고에 페미니즘 도서 비치하기

교실의 학급문고 한 칸을 페미니즘 책으로 채웠다. 가장 인기 있는 책은 은하선 작가의 『이기적 섹스』다. 학생들끼리 서로 순번을 정해 돌려 보느라 책장에 꽂힐 날이 없다. 10대의 목소리가 담긴 『10대의 섹스, 유쾌한 섹슈얼리티』, 『연애와 사랑에 대한 십대들의 이야기』, 『우리가 성에 관해 알고 싶은 것』도 많이 읽는다. 프랑스 만화가 토마 마티외의 『악어 프로젝트』도 절찬리에 대여되고 있다. 일상생활에서 여성들이 겪는 성희롱, 성폭력과 그에 따른 불쾌감, 공포감을 직관적으로 이해할 수 있는 책이다.

학급에서 여성신문 구독하기

《여성신문》을 교실에 비치하고 있다. 매주 월요일에 배송되는데, 관점이 신선하고 독특해 생각보다 열독률이 높다. 교실에 《한겨레》와 《매일경제》까지 세 종의 신문이 들어오는데, 동일한 사안을 두고 매체마다 바라보는 시각이 달라 재미를 느낄 수 있다.

얼마 전에 있었던 내년도 최저임금 발표 때의 헤드라인이 특히 흥미로웠다. 《한겨레》는 노동자의 입장에서 환영하는 논조를, 《매일경제》는 기업의 입장에서 우려하는 논조를 보인 반면 《여성신문》은 최저임금의 사각지대에 있는 200만 개 이상의 일자리 중 대부분을 여성이 담당하는 현실을 지적했다. 이후 학생들 사이에서 여성이 남성보다 적은 임금을 받는 이유와 해결책에 대해 유의미한 대화가 오가는 것을 목격했다.

성평등 관점에서 수업하기

한 학기에 한두 시간 정도 교과서에서 소재를 찾아 성평등 수업을 진행한다. 별도의 텍스트를 마련하거나 수업 자료를 제작하면 교사도 힘이 들고 학생들도 부담을 느낀다.

작년에는 〈메밀꽃 필 무렵〉에서 허생원의 과거 회상 장면을 성폭력으로 볼 수 있는지, 〈춘향전〉의 변사또를 어떤 죄목으로 처벌할 수 있을지 토론하는 수업을 했다. 올해는 〈사씨남정기〉에서 가부장제가 사씨와 교씨의 삶에 미친 영향에 대한 글쓰기 수업을 했다. 2학기 '독서와 문법' 시간에는 여성, 청소년, 노인, 이주노동자 등 소수자를 혐오하는 표현을 찾는 수업을 해볼 계획이다.

페미니즘 티셔츠 입고 다니기

낯선 사람이 많은 공간에서는 '페미니즘' 네 글자를 입에 올리는 것이 어렵다. 사적인 대화를 나누며 쉬는 공간인 카페에서조차 주변의 따가운 시선을 느낄 정도다. 페미니즘을 말하는 것이 터부시될수록, 공공연한 발화가 어려울수록 '비가시화된 존재들의 가시화'는 요원하다고 생각했다. 그래서 가능한 한 많이 페미니즘을 드러내고자 체육대회, 소풍, 현장체험학습 등 학교 행사가 있을 때마다 열심히 '페미니즘'이라는 글씨가 적힌 옷을 입고 있다. 배지, 핀 버튼, 스티커, 에코백 등을 지근거리에 두기도 한다. 나를 잘 모르는 학생들이 '남자 선생님이 왜 저런 옷을 입지?' '저 선생님은 왜 페미니스트를 자처하지?' '페미니즘이 대체 뭐길래 저러지?'라는 의문을 가져봤으면 하는 바람을 담고 있다.

이런 것들을 시도한다 해서 학생들의 생각이 금방 바뀌진 않는다. 유의미한 변화 가능성이 보이는 건 한 반에 많아야 두세 명 정도다. 대개는 "에이, 안 그래요" "선생님이 잘 모르시는 거예요" 같은 반응을 보인다. 내가 거짓말을 한다고 생각하는 학생들도 많다. 유튜브를 비롯한 수많은 인터넷 매체와 온라인 남초 커뮤니티가 학생들의 의식을 점령한 지 오래기 때문이다.

그럴 때는 공신력 있는 기관에서 발표한 수치나 순위, 주변 사람들의 이야기로 근거를 보완하곤 한다. 15년째 OECD 성별 임금 격차 1위, 세계경제포럼이 집계한 성 격차 지수에서 144개국 중 116위 같은 성적표를 보여준다. 결혼-출산-육아를 거치며 직장을 잃은 친구들의 이야기, 고등학교 시절 늦은 밤 귀갓길을 무서워했던 아내의 이야기, 아들을 낳아야 한다는 시가의 압력에 셋째를 가졌는데 또 딸이라 임신중절 수술을 했던 친척의 이야기 등 남자로 살면서 겪기 힘든 경험을 들려주기도 한다. 그러면 호기심을 보이는 학생들이 조금 더 늘어난다.

학생들과 각을 세워 논쟁을 하려 들거나, 그건 잘못된 생각이라며 훈계를 하거나, 권위를 발휘해 특정 입장을 비호하거나 비판한다면 강한 거부감이 형성될 것이다. 교조적으로 다가가는 순간 눈과 귀와 마음을 모두 닫아 안 한 것만 못한 결과를 낳을 수 있다. 학생들 사이에서 자연스레 토론이 벌어지는 것이 가장 이상적이지만, 남중생-남고생 또래 문화를 감안했을 때 쉽지 않은 일이다. 나는 우리 학생들이 유튜브나 페이스북에서 마초적인 주장이나 견해를 접했을 때 '어, 이거 우리 쌤은 다르게 말했는데?' 하고 한 번 멈칫할 수 있을 정도면 된다고 본다. 다른 시각을 제시하고 기존의 생각에 작은 균열을 내는 것. 나는 여기까지가 교사의 몫이라고 생각한다.

눈에 띄는 변화를 보이는 학생들도 있다. 지난 학기 페미니즘 책을 읽고 독서교육종합지원시스템에 감상문을 올린 학생이 2학년에 여섯 명이나 있었다. 학급문고 책을 읽고 쓴 우리 반 학생이 셋, 학교 도서관에 있는 책으로 쓴 다른 반 학생이 셋이었다. 책을 읽은 후 자신들의 생각이 달라졌다는 내용이 꽤 많았다.

남자인 내게 페미니즘은 비#당사자 운동이다. 경험의 한계가 있으며, 절박함도 덜하다. 페미니즘 운동은 여성이 하는 것이 가장 효과적이라는 데 이견이 없으며, 페미니즘을 말하는 남성들의 목소리가 여성보다 커지는 것을 경계해야 한다는 주장에도 동의한다. 맨스플레인[1]을 하지 않는 것은 기본 중의 기본이다. 그러나

---

1 남성(man)과 설명하다(explain)가 합성된 신조어. 주로 남자가 여자에게 잘난 척하며 설명하는 것을 뜻함.

'여자들이 싸울 테니 남자들은 빠져라'와 같은 말에는 고개를 끄덕일 수 없다. 흑인 인권을 위해 싸운 백인이 있고, 성소수자 인권운동을 하는 시스젠더[2]-헤테로[3]도 많다. 생물학적-사회적 여성 중에서도 페미니스트를 비난하는 '명예남성'이 적지 않다. 보다 중요한 것은 지향이다.

직접적인 이해당사자가 아니라서 겪는 한계도 있지만, 한 발짝 옆에 서 있는 사람이기에 할 수 있는 역할도 있다. 남학교에서 근무하는 남교사가 특히 그렇다. 여자 선생님이 남학생에게 '김치녀'라는 말을 제지하려다가 "쌤이 아니면 그만이지 왜 그러세요? 혹시 쌤도 김치녀?"라는 반응에 당황했다는 이야기를 들은 적이 있다. 이런 메커니즘에서는 여성혐오 표현을 남발하는 남학생들에게 잘못을 설명하고 납득시키는 데 남자 선생님의 말이 더 효과적이다. 다른 남교사의 불편한 발언을 제지하는 것도 내가 남교사이기에 더 수월하다.

더 많이 가진 쪽이 더 불편해지는 세상

작년, 결혼을 앞두고였다. 모든 청첩장에서 신랑 이름이 먼저 나오는 게 이상했다. 우리 부부는 가나다순에 맞게 신부 이름을

---

2 출생 시의 생물학적 성(性)과 본인 스스로 인식하는 성이 일치하는 사람
3 생물학적, 사회적으로 본인과 다른 성별의 사람에게 감정적, 성적 끌림을 느끼는 사람

앞에 두었다. 결혼식 날에는 신부 대기실을 없애고 식장 입구에 나란히 서서 함께 하객들을 맞이했다. 결혼식 과정을 지켜본 학생들이 나중에 말하길, 당연하다고 생각했던 것들을 다르게 보게 돼서 좋았다고 했다.

우리 짝꿍은 내 동생을 '도련님'이라 부르며 존대한다. 나도 짝꿍의 여동생을 '처제님'이라 부르며 말을 높인다. 처가 식구들은 처제를 편하게 대하라고 여러 번 말씀하셨지만, 우리 집 식구들은 짝꿍에게 그런 말을 하지 않는다. '도련님, 아가씨'와 '처남, 처제'는 간극이 너무 크다. 전자는 신분사회에서 하인이 주인댁 자제를 부르던 용어다. 며느리가 종이 아니라면, 시댁 식구에게 쓰는 호칭도 달라져야 한다.

친가에 가서 밥을 먹으면 우리 어머니가 음식을 차리고 짝꿍이 설거지를 한다. 처가에 가서 밥을 먹으면 할머님께서 음식을 차리시고 내가 설거지를 한다. 친가 식구 누구도 설거지하는 짝꿍을 이상하게 생각하지 않지만, 처가 식구들은 내가 설거지를 할 때마다 큰일이 난 듯 안절부절 못하신다. 며느리를 딸처럼, 사위를 아들처럼 여기겠다는 말은 예식장 밖에서도 유효해야 한다. 우리 식구가 먹은 밥그릇, 내가 씻는다는데 말릴 이유가 없다.

페미니즘 교육만이 아니라 일상생활 속의 고정관념, 편견, 혐오 발언, 차별 기제 등을 곱씹고 생각해볼 자리를 만들어보려 애쓰고 있다. 우리 반은 가위바위보에서 진 사람이 선택권을 갖는다. 경쟁에서 이긴 사람이 우선권을 갖는다는 당연한 명제에 의문을 던져보고 싶어서 제안한 방식이다.

세상이 바뀌려면 더 많이 가진 쪽이 더 불편해져야 한다. 성별 권력구도에서는 여전히 기득권을 가진 쪽은 남성이다. 불편함을 있는 그대로 받아들이고, 지금 쥐고 있는 것들을 좀 더 내려놓아야 한다. 관성이 쌓인 어른들에게는 쉽지 않은 일일 것이다. 그러나 10대는 성인에 비해 공감 능력이 탁월하고, 편견이 적으며, 정의감이 강하다. 변화 가능성이 큰 만큼 개선의 여지가 많다. 교사가 새로운 시각, 다른 목소리를 소개하는 것만으로도 학생 스스로 깨우쳐 길을 터나가는 경우가 많다. 나와 함께 공부하는 남학생들이 깨어 있는 남성, 따뜻하고 성숙한 성인으로 성장하기를 원한다. 적어도 어디 가서 '꼰대'나 '개저씨' 소리는 듣지 않았으면 좋겠다. 내가 '메갈쌤'으로 불려도 아이들에게 끊임없이 질문을 던지는 이유가 여기에 있다.

(vol. 113, 2017. 9-10)

자기답게 살아가는 힘을 기르는 교육

　제가 교실에서 아이들과 성평등 수업을 시작하게 된 계기는 작년에 있었던 강남역 살인 사건이었습니다. 그전에도 한국사회에서 여자들이 죽고 다치는 사건은 많았지만 이 사건이 제게 충격으로 다가온 건 피해자와 나 사이를 구분하기 어렵다는 것이었습니다. 그전에는 이런 끔찍한 일이 벌어질 때마다 피해자와 나 사이에 있는 (사실은 있지도 않았던) 선을 찾곤 했거든요. 저 여자는 밤늦게 돌아다녀서 그래(난 밤늦게 안 돌아다니니까 괜찮아). 저 여자는 옷차림 때문에 그래(난 단정한 옷만 입으니까 괜찮아). 제가

서한솔 _ 초등학교 교사. 초등성평등연구회 대표. 『페미니스트 선생님이 필요해』를 공동집필했다. 이 글은 2018년 9월 20일, 민들레와 하자센터가 공동주최한 강의를 정리, 보완한 것이다.

스스로에게 해주고 싶었던 말은 '괜찮아'였던 것 같습니다. 여자이기는 하지만 저 피해자와는 다르니까.

그런데 이 사건은 달랐습니다. 어떻게 생각을 해봐도, 피해자와 나 사이에 다른 점이 없는데 살해당했습니다. 그 순간 내가 그어왔던 선들, '나는 저 피해자와 달라'라는 선이 얼마나 말도 안 되는 것인지 깨달았습니다. 저 사람이 안전하지 않으면 나도 안전할 수 없는데, 마치 내가 노력해서 스스로의 자유를 제한하면 위험을 피할 수 있는 것처럼 이야기하며 '안전하게 행동하지 않은 피해자'를 욕하는 것. 현재 학교에서 이루어지는 성폭력 예방교육의 가장 큰 문제점이라고 할 수 있을 것입니다.

이런 학교교육의 모순 한 가지를 깨닫고 나니 마음이 급해졌습니다. 고쳐야 할 것이 한두 가지가 아니다 싶었죠. 혼자 하기엔 지식도 부족하고 능력도 부족하니 함께할 사람을 찾기 위해 국내 최대의 초등교사 커뮤니티인 '인디스쿨'에 성평등 수업 연구를 같이할 교사를 모집한다고 글을 올렸습니다. 그렇게 초등성평등연구회를 만들어, 지금은 스물두 명의 교사가 수업 개발도 하고 적용도 해보면서 활동하고 있습니다.

성 인지적 관점에서 본 교과서

저는 교과서에 나오는 그림으로 아이들과 성평등 수업을 하는데, 아주 재미있어 해요. 교과서에 실린 삽화에서 성별을 구분하는 것은 어렵지 않지요. 옷을 벗겨보지 않아도 우리는 머리 모양, 옷, 신발, 이런 것들로 쉽게 성별을 판단합니다. 성기 모양이 다르고 유전자적으로 뭐가 다르다는 생물학적 특성도 있지만, 여자 혹은 남자는 이러저러한 모습이라고 어느 정도 사회적으로 약속되어 있는 것들이 있죠. 조금 어려운 말로 '사회적인 성'이라고 하는데요. 그게 바로 젠더gender입니다.

그런데 젠더라는 게 사실 고정된 개념은 아니에요. 서양 중세 시대 사람들에게 짧은 치마 입은 여자 사진을 보여주면 여자라고 딱 대답을 못할 거예요. 그 시대에는 남자도 치마를 입었고, 여자가 다리를 내놓고 다니면 안 되는 문화가 있었잖아요. 중세 이전에는 분홍색이 붉은 피, 용기를 상징하는 남자의 색이라는 인식도 있었죠. 이처럼 젠더라는 것은 사회에 따라 시대에 따라 계속 바뀔 수 있는 개념입니다.

초등 1학년 교과서에 보면 여자, 남자 두 아이가 미로를 따라가면서 감도 따고 도토리도 줍는 그림이 나옵니다. 이 그림을 '성 인지적 관점'으로 다시 살펴볼까요. 남성 또는 여성이라는 이유로 불평등을 겪지 않도록 유불리를 따져보는 걸 성 인지적 관점이라고 하는데요. 이 관점으로 보면, 남자애는 열매 줍기에 적절한 바구니를 들고 있는데 여자애는 핸드백을 들고 있어요. 모험을 떠나는데 구두 신고 치마를 입고 있구요. 얼마나 불편하겠어요. 어떤 분들은 "그림 하나가 무슨 문제라고 참 예민하게 군다"고 이야기합니다. 실제로 여자아이들이 그런 옷을 입기 좋아하니까 그런 거 아니냐 되묻기도 해요. 놀러갈 때조차 예쁜 원피스 입고 구두를 신고 싶은 게 여자아이의 마음이고, 타고난 성차라는 것이지요. 대여섯 살 된 여자아이들이 하나같이 공주 드레스, 핑크색 옷을 입고 싶어 하는 걸 보면 그런 것 같기도 합니다.

성역할을 고착화하는 문화

하지만 잘 생각해보면 대여섯 살이란 시기는 이미 사회의 '여성성'에 대한 관념을 흡수하기에 충분한 시기입니다. 아기용 헤어밴드만 해도 저는 이 아이템이 너무 생소했어요. 아기는 헤어가 없잖아요. 헤어밴드를 하면 오히려 머리에 압력이 가해져서 안 좋을 것 같은데 대체 왜 헤어밴드를 하느냐고 했더니 제 친구가 말하기를 "남자애인 줄 알면 기분 나쁘잖아" 하더라고요. 여자아이를 남자아이인 줄 알면 왜 기분이 나쁜가요? 아이가 가장 중요하게 생각하는 주양육자의 생각은, 당연히 아이에게도 영향을 끼칩니다. 아이가 '여자다운' '남자다운' 차림을 하려고 노력하는 것이 정말 아이의 타고난 성차, 취향인 것일까요?

안경에 대한 고정관념도 있습니다. 한 여자아이가 눈이 나쁜데도 안경을 안 쓰는 거예요. 알고 보니 아빠가 아이한테 "에이,

여자애는 안경 쓰면 미모 망치는데" 하고 툭 던지신 거예요. 제가 여쭤보니 아빠는 기억도 못하는데 아이는 마음 깊이 담아둔 거죠. 교사들도 마찬가지예요. 평소에는 머리 묶고 안경 쓰고 지내다가 학부모 공개수업 때는 갑자기 하이힐 신고 원피스 입고 콘택트 렌즈를 낀단 말이죠. 그러면 아이들은 '안경을 쓰는 여성은 아름답지 못하다'고 생각하게 되죠. 선생님도 중요한 자리에서는 안경을 벗고, 텔레비전에도 안경 낀 여자는 잘 안 나오니까요. 물론 교과서에도 안경 쓴 여자아이들이 나오지 않습니다.

아이들이 어려서부터 좋아하는 애니메이션도 마찬가지예요. 뽀로로, 타요, 로보카 폴리, 코코몽 같은 애니메이션을 보면 주인공이 전부 남자예요. 색깔도 한번 보세요. 뽀로로도 파랑, 폴리도 파랑이고 주인공 친구로 나오는 여자 캐릭터들은 주로 연분홍, 노랑, 보라예요. 아무리 교과서를 뒤져봐도 분홍색 옷 입은 남자는 없어요. 어찌 보면 이런 건 작은 부분이지만, 아이가 살아가면서 다양한 색을 좋아할 수 있으면 더 좋지 않을까요? 더 넓은 세상을 만나는 거잖아요. 저는 보호자가, 나라가, 공교육이 해야 하는 역할이 아이들에게 더 많은 자유를 주는 것이라고 생각합니다. 그런 관점에서 보면 아이들을 도와야 할 교과서가 오히려 아이들의 성역할을 고착화시키는 데 영향을 준다는 걸 알 수 있죠.

저는 이따금 아이들하고 도서관에 가서 동화책을 꺼내서 주인공 성별만 확인하고 집어넣는 놀이를 해요. 예전에 조카와 동네

도서관에서 이 놀이를 했는데, 80권 가까운 책에서 여자 주인공은 16명이었어요. 그나마 16명이나 된 건 그 당시 한창 〈겨울왕국〉이 유행해서 엘사 시리즈물이 있었기 때문이에요.

교과서 속 상황도 크게 다르지 않습니다. '이야기'가 가장 많이 등장하는 것이 '국어' 교과서인데, 국어 교과서 속 주인공의 성비를 살펴보면 여성 주인공보다 동물 주인공이 더 많습니다. 국어 교과서는, 전국에 있는 동일 연령대 어린이들이 보는 책인데, 스토리를 주도적으로 이끌어가는 주인공은 남자라는 것이 충격적이지 않나요. 여자아이들이 자연스럽게 자신을 '조연'으로 생각할 수밖에 없는 구조입니다. 사실 조연은 누구나 하고 싶지 않으니까, 여자아이들은 남자 주인공에게 감정이입을 합니다. 어쩔 수 없이 여성인 '나'보다는 '남성'에게 감정이입하는 방법을 배우는 거죠.

감정이입이란 건 세상을 살아가는 데 중요한 능력이죠. 근데 남자아이들 경우에는 (여자 주인공을 쉽게 접할 수 없으니까) 이입을 해보려고 해도 대상이 없어요. 세상의 절반인 여성의 입장을 공감할 수 없는 아이들로 키우고 있지 않나 싶습니다. 실제로 여자아이들은 남자 주인공이 나오는 영화나, 애니메이션을 아무렇지도 않게 보지만, 남자아이들은 작품에 여자 주인공이 나오는 순간 흥미를 잃는 모습을 자주 보았습니다. 게다가 여자 주인공이 등장하는 이야기는 공주가 왕자를 만나는 이야기가 주류입니다.

서로 이해하고 친밀한 관계를 맺기 위해서는, 어려서부터 상대방의 입장에서 생각해보고 감정이입해보는 경험이 필요한 것 아닐까요?

여자다움, 남자다움이란 게 있을까요?

초등성평등연구회에서 초등학교 2학년 120명을 대상으로 몇 가지 설문조사를 했는데요. '남자가 자꾸 울면 남자답지 못하다'는 질문에 대해서도 많은 여자아이들이 그렇게 생각하고 있었어요. 1, 2학년 때 남자애들이 여자애들한테 꽤 많이 맞아요. 그 시기엔 여자애들 발육이 더 빠르거든요. 달리기에서 여자애들이 이기는 경우도 많고요. 그런데 남자아이가 여자애한테 맞아도 말을 못해요. 이미 알고 있는 거예요. '남자는 맞으면 안 된다, 부끄러운 거다'라고요.

아들이 여자애한테 맞고 왔다고 말하면 보호자들도 "정말 속상하겠다. 내가 뭘 도와주면 될까?" 이렇게 말씀하시는 경우가 드물어요. 보통은 "너 태권도 배워야겠다"라는 식으로 반응하기 쉽죠. 본인들도 어디 가서 맞고 오는 것, 우는 것은 남자다운 행동이 아니라고 배워왔으니까요. '우리 아들이 태권도라도 배워서 더 남자다워져야 한다'는 생각을 하시는 거잖아요. 그런데 딸이 맞고 왔다고 "태권도 배워라. 주짓수 배워라" 하는 부모님이 계실까요.

운동을 잘하고 신체적인 능력이 뛰어난 여자아이들 같은 경우에는 오히려 놀림감이 됩니다. 초등학교 5학년들이 발야구를 하는데 몇몇 여자애들이 남자애들보다 잘하는 거예요. 그랬더니 남자애들이 "아, 형님!" 하면서 놀립니다. 저렇게 운동을 잘하는 사람은 '여자'일 수 없다는 의미입니다. 어떤 여자아이는 대수롭지 않게 넘어가지만, 어떤 아이는 움츠러들어서 다음부터 공을 제대로 안 차요.

그런데 이게 그냥 단순히 공을 안 차는 문제가 아닙니다. 체육이라는 게 인생의 기본이 되는 체력, 건강과 관련이 있는 거잖아요. 그런데 이 체력이 좋으면 '여자'가 아니라는 거예요. 이런 생각이 아이들 인생에 어떤 영향을 끼칠지 상상이 되시나요? 평생 쓸 근육과 골격을 만들어가는 성장기에 아이들은 외모를 걱정하며 과한 다이어트를 합니다. '프로아나(찬성을 뜻하는 'pro'와 거식증 'anorexia'의 합성어)' 같은 말이나 '먹토'(먹고 토하다), '개말라' 같은 말을 아무렇지도 않게 씁니다. 운동을 하더라도 목표는 '늘씬한 몸'이기 때문에 '승모근이 생기지 않는 운동법' 같은 이상한 방법까지 돌아다닐 정도예요.

이런 몸에 대한 수치심은 누군가의 앞에 나서는 것에도 영향을 끼칩니다. 아이들과 모둠활동을 하다 보면 신기한 모습이 눈에 띕니다. 발표자료를 제작할 때는 여자아이들이 막 주도해요.

예쁘게 꾸미고, 발표문도 또박또박 쓰고 합니다. 남자아이들은 여자아이들이 시키는 단순 작업 정도를 조금 하거나 아니면 장난을 칩니다. 그런데 발표를 시키는 순간 상황이 바뀝니다. 대부분 남자아이들이 앞에 나와서는 여자아이들이 써준 대본을 읽습니다. 그리고 박수를 받아요. 이유를 물어보면, 남자아이들이 자료 준비를 안 했으니 발표라도 시켰다고 합니다.

양쪽 모두에게 참 안 좋은 상황이라고 생각합니다. 남자아이들에게도 보기 좋게 발표자료를 만들고 꼼꼼하게 발표문을 쓰는 능력이 필요한데, 이런 경험을 못해보는 거죠. 그럼 점점 더 못할 수밖에 없고, 차이가 계속 벌어지는 겁니다. 여자아이들에게도 당연히 발표하는 능력이 필요합니다. 그런데 앞서 말한 것처럼 앞에 나서서 내 몸을 보이는 것에 대한 두려움에 덧붙여 여자아이들이 적극적으로 뭔가를 하면 '여성스럽지 못하게' '나댄다'는 이미지가 분명히 있거든요. 텔레비전을 통해 아이들이 어떤 모습을 습득하고 있는지 보세요. 남 앞에서 나대고 농담을 던져가며 큰 소리로 말하는 여자들, 실수하는 여자들은 거의 없습니다. 있더라도 '여자' 취급을 받지 못하죠. 개그우먼들은 어떤가요? 여자아이돌처럼 완벽한 모습을 보여줄 때만 '여자' 취급을 받는다는 걸 아이들은 이미 알고 있습니다.

여자아이들이 조금 더 나대길 바라면서 일부러 제가 먼저 오버를 해요. 텔레비전에 안 나오니 제가 롤모델이 되어주는 겁니다. 윤도현밴드의 '나는 나비' 같은 노래를 부를 때 제가 머리를 흔들고 기타 치는 시늉하면 남자애들이 나와서 드럼 치는 흉내도 내고 난리가 납니다. 그런데 학기 초에는 여자아이들은 아무도 나오지 않다가 학기말이 되니까 조금씩 몸을 흔들기 시작했습니다. 굉장히 기뻤죠. 야생마처럼 활달한 게 어린이들의 본질인데, 그걸 사실 억누르면서 지내왔던 거죠. 여자, 남자 양쪽이 모두 활발해지는 바람에 제가 교실에서 더 힘들어지긴 했지만 기쁜 경험이었죠.

이번에는 남자아이들 남자다움이 만들어지는 과정을 이야기해볼까요. 초등학교 3학년쯤 되면 남자애들이 군대 얘기를 하기 시작해요. 3학년부터 진로 관련 내용을 배우면서, 십 년 후의 자신에게 편지 쓰기를 해요. 그런데 한 아이가 "쌤, 십 년 뒤면 나 군대 가야 되는데요. 그럼 군인아저씨한테 편지 써요?" 하는 겁니다. 제가 군대에 대해 조금 더 설명해줬더니, 남자애들이 무서워했습니다. 처음 보는 반응이었죠. "군대 가면 총을 들어야 돼요? 폭탄을 진짜 던져야 돼요? 폭탄 던졌는데 다람쥐 있으면 어떡해요?" 그런 걸 걱정하더라고요. 그러던 아이들이 고학년이 되면 군대에 대한 인식이 달라집니다. 남자라면 당연히 가야 하는 곳이라며 "사나이! 의리!" 이런 말들을 하죠.

남자다움이 만들어지는 과정에 사실은 학교와 그리고 보호자들이, 미디어가 하는 역할이 굉장히 크다는 걸 느꼈습니다. 영화도 그렇고 교과서에도 전쟁사가 굉장히 많이 나옵니다. 전쟁사에서 영웅으로 다뤄지는 인물들은 하나같이 나라를 지키기 위해 두려움 없이 죽는 존재들입니다. 그게 남자인 거죠. 그래서 아이들은 '군대를 두려워하는 것을 두려워하는 사람'으로 자라게 됩니다. 평화교육이라는 게, 거창해 보이지만 별거 아니라고 생각해요. 전쟁이 끔찍한 것이라는 사실, 전쟁을 두려워하는 건 자연스런 일이란 걸 알려주는 것만으로도 아이들은 많이 바뀝니다.

고학년 아이들을 데리고 저는 군인권센터에 대한 이야기를 합니다. 진정한 남자가 되려고 군대 가서 힘들어도 버텨야 하는 게 아니라, 잘못된 건 항의하고 바꿔나가야 한다는 걸 보여주는 거죠. 양심적 병역 거부를 하는 사람도 있다는 걸 알려주면서 제도가 잘못됐으면 순응만 하지 말고 고치기 위해 노력하면 된다는 이야기들을 해줍니다. 그러면 아이들은 생각보다 많이 용기를 얻어요. '남자다움 대신 나다움을 선택하는 길'을 선택하는 사람들도 있다는 걸 알게 되는 거죠.

그런데 아이들이 이런 걸 전혀 모르고 자라난다면 '두려움을 들키는 게 두려워서 숨기는 사람'으로 자라지 않을까요. 살다 보면 무겁고 불행한 일도 얼마나 많아요. 아이들한테 이걸 두려워해도 된다는 걸 알려주고, 두려울 때 어떻게 행동해야 하는지를 연결해서 알려주는 게 많은 도움이 될 거라 생각합니다.

외모를 평가하는 문화 또한 학교 안에서 성별 고정관념을 강화하는 요소 중 하나입니다. 저는 이 교실에서 가장 권력자의 위치에 있는 교사이지만 아이들과 한 공동체에 속해 있는 여성이기도 하잖아요. 외모 평가를 끊임없이 당했어요. "선생님, 오늘 머리 예뻐요", "립스틱 색깔이 예뻐요." 물론 애정 어린 칭찬인 경우가 많습니다.

아이들과 얘기 나눠보면 분명 칭찬이었는데도 '평가'였기 때문에 자기들도 불편한 마음을 느꼈던 적이 분명히 있거든요. 자매 중에 누구는 예쁘다고 칭찬을 들었는데 옆에 있는 자기는 불편했던 경험을 떠올리면서 외모 평가는 불편한 거라는 걸 인식하고 나니까 확실히 달라졌습니다. 그다음부터는 학급에서 제가 어떻게 입고 다니든, 다리털을 내놓고 다니든 노브라로 다니든 아무도 그런 얘기를 안 하는 거예요. 그게 되게 좋더라고요.

보호자들도 아이에게 애정을 표현할 때 은연중에 외모에 관한 평가를 많이 하십니다. 물론 "우리 이쁜 강아지" 이런 것도 외모 평가니까 하지 말자, 이럴 수는 없습니다. 대신 아이들과 같이 얘기해보셨으면 좋겠습니다. "우리 이쁜 강아지"와 "너 머리 모양 바꾸니까 훨씬 예쁘다" 사이의 차이는 뭘까. 평가하지 않고 애정을 표현하는 방법은 뭐가 있을까. 저희 반의 경우 외모의 변화가 있을 경우 변화를 '평가'하는 대신 변화를 '알아봐주는' 문화를 만들어가고 있습니다. 예를 들면 "머리 잘랐네, 예쁘다"가 아니라 "너 머리 모양 바꿨구나!"라고 관심을 보이는 거죠.

성폭력을 예방하는 법?

초등성평등연구회에서 실시한 설문조사를 보면, '밤늦게 밖에서 돌아다니면 여자는 남자보다 위험하다'는 질문에 남녀 대부분 그렇다고 생각합니다. 밤늦게 돌아다녀서 이런 일이 생긴 거라고 피해자한테 책임을 묻는 겁니다. 제가 "어떤 아이가 밤에 혼자 길을 가다가 안 좋은 일을 당했다면 누구의 잘못이냐"고 물었다가 아이들의 답을 듣고 당황했습니다. 전원이 아이 잘못이라고 했어요. 왜냐고 물어봤더니 아마도 어른들이 아이들 귀에 못이 박히도록 했을 이야기를 하는 거예요. "'안 돼요! 싫어요! 하지 마세요!'를 안 했어요.""밤늦게 다니면 안 되잖아요.""친구랑 같이 다녔어야 했는데 혼자 다닌 게 잘못이에요.""왜 위험한 골목길로 갔대요?""편의점에 숨어야 되는데 안 숨었어요." 이렇게 얘기하더라고요.

아이들은 확고했습니다. 이것도 해야 되고 저것도 해야 되는데 안 했어. 그러니까 피해자 잘못이야. 이런 생각을 가진 아이가 선생님에게 피해 사실을 말할 수 있을까요? 말하기 전에 "너 왜 이런 규칙들을 안 지켰어!" 하고 혼날 걸 걱정하지 않을까요? 내가 이러저러 해야 하는데 못했으니까 난 성폭력을 당해도 싸다고 생각하게 되지 않을까요? 어떤 아이들은 성인이 되어서도 이 생각에서 벗어나지 못합니다.

하지만 성폭행을 피해자가 막을 수 있는 방법은 전혀 없습니다. 오직 가해자가 사라져야만 막을 수가 있어요. 받아들이기 힘들어도 이게 진실입니다. 그러면 사실 내 아이가 피해자가 될 수도 있고 내가 피해자가 될 수도 있다는 얘기인 거죠. 이런 현실에서 우리가 가르쳐야 할 건 피해자한테 '조심하라'고 이야기하는 게 아닙니다. 실제로 피해를 당한 어린이들한테 많이 생기는 일인데요. 가해자가 그저 가해만 하지 않습니다. 피해 어린이에게 "너 어두운 밤에 혼자 다니다 나한테 끌려온 거 알지?"라는 협박을 합니다. 그러면 아이들도 생각하죠. 나는 선생님, 보호자가 말한 걸 다 지켰나? 스스로를 검열합니다. 괜히 이런 일 당했다고 말했다가 "왜 어두운 밤에 혼자 돌아다녀! 그러게 미니스커트 절대 입지 말라고 했지!" 이런 얘기 들을 것을 걱정합니다.

대체 우리가 가르치고 있는 게 뭘까요. 우리가 제일 먼저 가르쳤어야 했던 건 성폭행은 바로 가해자의 잘못 때문에 벌어진다는 사실인데, 정작 그걸 놓치고 있는 것은 아닐까요. 중요한 건 사건이 벌어졌을 때 아이가 이런 말을 해도 혼나지 않을 거라는 믿음이 있어야 해요. 그러려면 이게 누구 잘못인지를 알아야 하죠. 자기 잘못이라고 생각하면 아이들은 절대로 말하지 않습니다.

유아차에 아기를 태워 나가면 아기가 귀여우니까 사람들이 예쁘다고 쓰다듬고 하잖아요. 아이가 아직 어리고 말을 정확하게 하지 못하지만 분명히 싫을 수 있거든요. 아이가 자기 몸에 대해 존중받아본 경험이 별로 없는데 낯설고 무섭고 협박당하는 상황에서 의사를 존중해달라고 표현하는 것이 가능할까요. 이건 편안한 상황에서 많이 연습해야 위급할 때도 나올 수 있는 겁니다. 내 몸에 대한 의사를 분명하게 밝히고, 그걸 침해하려는 사람이 이상한 거라는 얘기를 듣고, 어른의 말에 반하는 표현을 했을 때에도 그걸 인정받는 경험이 필요합니다.

아이의 첫 경험을 상상하세요

한국의 전반적인 성교육은 내 몸에 대한 의사표현보다는 일단 '섹스를 하지 않는다'를 기본 전제로 하고 가르칩니다. 외국에서는 '섹스 잘하는 방법을 공교육에서 가르쳐야 한다'는 게 기본 입장이에요. 독일 같은 경우는 아예 체위를 가르치기도 하죠. 첫 경험을 상상해보는 수업도 하고요.

남녀의 첫 성관계에 대한 아이들의 생각이 많이 삐뚤어져 있어요. 남자애들 같은 경우에는 지배, 정복이라고 생각하고, 여자애들은 뭔가 빼앗기고 약탈당했다고 생각하죠. 성이라는 게 빼앗기는 것도 아니고 누군가 지배하는 것도 아니라는 걸 학교에서 이야기해줘야 해요. 아이들의 첫 성관계 연령은 계속해서 낮아지고 있는데 해선 안 된다고만 가르치면, 아이들 입장에서는 도움을 청할 곳이 없어집니다. 그럼 불법촬영 영상이나, 성착취 영상 같은 것을 참고하게 되겠죠.

아이가 성적인 존재라는 걸 받아들이는 것으로 시작하셔야 할 것 같아요. 섹스에 관심 가질 수 있다는 걸 인정하는 게 시작인 거 같아요. 그 다음으로는, 사실 보호자도 공부해야 할 게 많을 거예요. 피임 등 구체적으로 공부해본 적 별로 없잖아요. 걱정만 하실 게 아니라, 아이의 첫 경험을 먼저 상상해보는 것도 중요한 거 같아요. 언젠간 아이가 처음으로 성관계를 하는 날이 올 거잖아요. 좀 껄끄럽겠지만 그날이 어떤 풍경이었으면 좋겠는지 한번 생각해보는 게 필요한 거 같아요.

아이의 첫 경험이 음침한 모텔이나 노래방 같은 곳이기를 바라는 분은 없을 거예요. 안전하고 깨끗한 집에서, 피임 도구도 잘 갖추고 성착취 영상이나 불법촬영 영상에서 본 대로가 아니라 제대로 된 지식을 가지고 하길 바라시겠죠. 무엇보다 '동의한다'라는 말의 의미를 알고 서로가 정말로 동의한 상태이길 바라실 겁니다.

그러려면 아이의 연인이 "섹스 안 하면 넌 나를 사랑하지 않는 거야"라고 말할 때 아이가 어떻게 대처하면 좋은지를 가르쳐야지, "연애는 절대 하지 말아라"고 가르치시면 안 됩니다. 깨끗하게 몸을 씻고, 둘 다 다치지 않게, 몸과 마음이 모두 즐거운 상태이기를 다들 바라시겠죠. 물론 그게 성인 이후이길 대부분 바라시겠지만, 사실 보호자가 선택할 수 있는 문제는 아니죠. 그렇게 구체적으로 생각을 해보면, 어떤 부분을 어떻게 가르쳐야 할지 감을 잡으실 수 있을 거예요.

제대로 된 성교육을 그 누구도 받지 못하고 자란 것이 아닌가 싶어요. 인생을 살면서 꼭 필요한 지식 중 하나였는데 말이죠. 그러니까 공교육에서 꼭 해야 합니다. 교사 양성과정에도 기본적으로 여성학이 포함되고, 저처럼 교사 개인이 따로 연구하지 않아도 제대로 된 성교육이 교육과정 안에 적절하게 들어 있어서 아이들이 자연스럽게 성과 평등에 대해 배우며 자기답게 살아갈 수 있는 힘을 기를 수 있으면 좋겠습니다.

(vol. 113, 2017. 9-10)

마을에서 열리는
아빠들의 페미니즘 공부

페미니즘에 대한 관심과 논의가 활발하지만 여전히 여성의 목소리가 주를 이룹니다. 그 틈새를 비집고 남성, 남편, 아빠의 정체성으로 페미니즘을 공부하는 모임이 있어 눈에 띕니다. 청소년들이 교사가 되고 아빠들이 학생이 되어 함께 배우는 성미산마을의 '아빠페미'를 만나 이야기를 나누었습니다(아빠페미는 2020년에 모임 이름을 '지속가능한 페미니즘 마을생활', 약칭 '페미생활'로 바꿨답니다. 아빠나 엄마, 혹은 가족이 있는 사람들을 벗어나 모두의 페미니즘이 되어야 한다는 생각에서). _ 편집실

함께 이야기 나눈 사람들 (2018년 9월 현재)

아빠페미 회원 :
오렌지 (큰아이는 성미산학교를 졸업했고 둘째는 6학년이다.)
좋은날 (아빠페미 교사로 활동하고 있는 유예의 아빠)

아빠페미 교사로 활동하는 청소년들 :
노리 (여, 성미산학교 교사), 유예 (여, 2017년 성미산학교 졸업)
준서 (남, 성미산학교 11학년), 현서 (남, 성미산학교 11학년)

마을에 아빠 페미니즘 공부 모임이 생기게 된 계기가 있었나요?

노리 작년에 성미산학교 10학년(고1에 해당) 친구들과 지리산 산 내면에 있는 '문화기획 달'이라는 페미니즘 단체를 방문했다가 남성 페미니즘 모임이 있는 걸 봤어요. '아, 우리도 해볼까?' 싶어서 평소 이런 문제에 대해 사과를 잘 하셨던 오렌지에게 제가 제 안을 했죠. 아이들에겐 아빠들이 롤 모델이기도 하니까요.

오렌지 마을운동회 때 제가 사회를 봤어요. 아빠들이 가운데 모여 있는 엄마들을 구출해 데려오는 게임을 즉흥적으로 제안하면서, 제가 "왕자님들, 성에 갇혀 있는 공주를 구해주세요!"라고 했나 봐요. 나중에 평가 자리에서 어떤 학생이 "그 표현이 불편했다"고 말했다는 얘길 전해 듣고는 '내가 그런 말을 했다고?' 갸우뚱했죠. 전혀 인식도 못할 정도로 습관화된 언어를 스스로 제어하지 못하고 있다는 걸 알게 됐어요. 결국 마을 커뮤니티에 사과 글을 올렸죠. 앞으로 말조심해야겠다는 생각도 들고, 이제 사회를 보지 말아야겠다 싶었어요.(웃음)

준서 저는 학교 끝나고 동네에서 일하고 있는데요. 성인 남자인 동료들이 가끔 성적인 농담을 주고받는 걸 들으면 불편한데도 왠지 문제 제기를 못했어요. 그런 고민을 갖고 있던 중에 노리한테

"아빠들이랑 같이 페미니즘 공부 해볼래?" 하는 제안을 받고 같이 참여하게 됐어요.

노리 이 친구들이 또래 동성집단 안에서 문제 제기를 하기 쉽지 않다는 현실적인 문제가 있더라고요. 또 여성들은 자세히 설명하지 않아도 생활에서 직접 겪거나 들었던 것이 있으니까 문제의식에 대한 이해가 빠른데, 남성들은 이런 문제 제기 자체를 이질적으로 느끼니까 그것부터 설득해야 하는 어려움이 있더라고요.

오렌지 사실 아빠들끼리 "우리가 너무 개념 없이 말하는 거 아닌가? 어떻게 하면 실수를 줄일 수 있을까?" 이런 고민도 하고 있었어요. 시대의 흐름도 그렇고 페미니즘 공부하는 사람들은 많아졌지만 일상에서는 그런 문제가 별로 잘 드러나지 않거나 말하기 껄끄러워 그냥 넘어가는 경우가 많잖아요. 아빠들끼리 모여서 어떤 고민이 있는지도 나눠보고, 사회적인 이슈를 어떻게 바라봐야 할지 공부해보자 싶어서 마을에 제안을 했고 열 명 정도 모였어요. 어떤 아빠는 아내와 딸과의 관계 때문에 오기도 했고, 동네에서 함부로 말하고 다니는 것은 아닌지 스스로 걱정된다며 공부를 통해 편견을 깨고 말과 행동의 판단 근거를 갖고 싶다고 온 멤버도 있어요. 딸이 꼭 나가보라고 권유해서 참여하게 된 아빠도 있었고요.

공부를 어떻게 하고 있나요?

오렌지   책으로 공부하기보다 사회에 일어나는 일들을 살펴보고, 그동안 무관심하게 지나친 일들을 다시 생각해보는 방향으로 모임을 꾸려가고 있어요. 사회의 성적 불평등이나 여성혐오, 오랜 가부장 구조 속에서 남성들의 의식 등을 주제로 각자 조사해서 발표하고 피드백하고 의견 나누는 식으로 공부했죠. 성미산학교 학생들과 졸업생이 교사 역할을 하면서 많이 도와줬어요.

현서   어느 날 노리가 맛있는 거 사주신다고 해서 따라갔다가 아빠들에게 페미니즘을 가르쳐 달라는 제안을 받았어요. 당황했지만 일단 먹었으니까 해야겠다 싶었어요. 아직 공부가 많이 부족해서, 교육자 입장으로 서는 게 좀 부끄러워요. 아빠들이 절 선생님이라 부르시니까 새롭기도 하죠. 공부를 더 열심히 해야겠다는 생각도 들고요.

유예   재작년인가, 교육위원회 제안으로 부모님들께 '혐오'라는 개념을 설명하는 짧은 강의를 한 적이 있어요. 부모님들로부터 비판에 가까운 질문을 많이 받았죠. 박근혜를 향한 여성혐오를 언급하니까 "정치적 풍자인데 그것도 안 되냐" 한다든지, 외모를 지적하는 인사법에 대해 문제 제기를 하니까 "칭찬도 하면 안 되냐" 하는 반응을 보인다든지요. 부모 자식이라는 위계 관계가 이미 있는데 그런 질문을 받으니까 위축이 됐어요. 그때 부모님들도 페미니즘 공부를 같이 했으면 좋겠다고 생각했는데, 올해 이런 모임이 생겨서 아빠들과 같이 공부를 하게 됐어요. 교사라고는 하지만 수업을 주도하기보다 주로 아빠들과 같이 공부할 주제를 정하고, 숙제를 내고, 공부해온 내용을 피드백하는 방식으로 진행하면서 저희도 같이 배우고 있어요.

노리 2015년 이후에 인터넷상에서 페미니즘 관련해 많은 사건들이 있었잖아요. 아빠들이 SNS에 익숙한 세대는 아니니까, 최근 일어나는 사건들을 전혀 모르시더라고요. 공감도 되지 않는 일을 결론부터 들이대면 거부감이 생길 거 같아서 최근 어떤 일들이 논란이 되었는지부터 찾아오기로 했어요. 각자 편한 방식대로 조사를 해오셨는데 어떤 분은 타이핑이 익숙치 않아서 손으로 써오기도 하셨고요.(웃음)

좋은날 도대체 요즘 세상에 어떤 일들이 일어나고 있는지부터 알아보는 게 도움이 많이 됐어요. 사실 왜 청년들이 페미니즘 관련한 사소한 기사에도 득달같이 달려들어서 댓글로 싸우는지 이해를 못했거든요. '메갈'이 뭔지도 잘 몰랐으니까요.

오렌지 페미위키라는 여성주의 인터넷 사전이 있는지도 몰랐어요. 열심히 조사해서 공부해 갔는데 나중에 보니 페미위키에 다 나와 있더라고요. 지금은 자료 조사를 할 때 나무위키와 페미위키를 비교해서 찾아보기도 해요.

페미니즘을 공부하며 달리 보이는 것들이 있다면?

좋은날 그동안 내가 남자로서 얼마나 젠더 감수성 없이 살아왔는지, 얼마나 남성중심적인 문화 속에서 살아왔는지 한순간에 보여서 깜짝 놀랐어요. 옛날 얘기부터 하자면, 대학 다닐 때 남자 선배들한테 잘 보이고 싶어서 시키는 대로 하는 문화에 젖어 있었어요. 예를 들어 남성 커뮤니티 안에서 성적인 농담이 오갈 때 "선배님 왜 그러세요!" 하는 순간 정말 이상한 사람이 되는 거죠. '이 정돈 당연히 넘어갈 수 있지'가 상식으로 통하는 세계에서 평판 때문에 보조도 맞추고 말도 거들고 했던 거 같아요. 페미니즘 공부를 하게 되면서 과거를 돌아봤을 때 부끄럽기도 했어요.

오렌지 맞아요. 남자들 사이에선 일단 욕을 주고받고, 여자 얘기하고, 약자 비하하고, 성적인 농담하면서 동질감을 찾는 게 친해지는 과정이라고 착각하는 문화가 있거든요. 저의 경우, 페미니즘 공부하면서 그동안 제가 집에서 '손님' 같은 존재로 살아왔다는 걸 알았어요. 일상적으로 집안일을 나눠서 하는 편은 아니었거든요. 어쩌다 한 번 해주는 것도 특별하게 생각했고, 하기 싫을 땐 게으름도 피웠고요. 어렸을 때부터 집안일이 제 몫이라는 생각을 한 번도 못 하고 컸으니, 가정을 꾸리고 나서도 '밥 먹을 때가 됐는데 왜 밥을 안 주지?' 할 정도로 당연히 누군가가 해주는 일로 여겼던 거 같아요. 무관심과 무지가 컸죠. 요즘은 아내랑 그런 얘기를 정말 많이 나눠요.

　페미니즘 공부하면서 한편으론 주눅도 많이 들어요. 지금까지 살아왔던 시간들이 혼란스러워지고 판단이 어려워져서요. 생각 정리가 잘 안될 때면 무조건 몸을 움직여요. 화장실 청소를 한다거나 걸레질이라도 하면서 그동안 하지 않았던 집안일의 영역을 늘려가고 있어요.

노리　아빠들은 '미투 운동' 자체에 대해 이해하지 못하기도 했어요. "피해를 당했으면 그냥 법으로 처벌하면 되지 그걸 굳이 사회적으로 폭로하는 방식을 택하냐"고 하셨죠. 그래서 일단 성폭력 판례들과 관련 법을 조사해보기로 했어요. 지금까지 성폭력 사건에 대한 판결들이 얼마나 가볍고 얼토당토않은지, 왜 폭로하는 방식을 취할 수밖에 없었는지 이야기를 나눴어요.

오렌지　공부하면서 혼란스러웠던 건, '인권의 문제로 봐야 하는 걸 왜 여성의 문제로 바라볼까?'였어요. 인간으로서의 권리가 침해된 문제를 왜 성별 구도로 나누어서 문제 삼을까. 그런데 이제는 설득이 좀 됐어요. '인권' 자체가 남성 중심으로 구성되었고 여성을 전제하고 있지 않다는 걸 알았거든요.

노리　사실 아빠들은 직접 겪어보지 않고 느껴보지 못한 거면 '없는 일'이라고 생각하는 경향이 있어요. 여성들이 요즘도 이런 일을 겪고 있다고 열심히 설명해도 전혀 모르겠다는 표정을 지어요. 모르는 정도라면 괜찮은데 "요즘은 안 그래"라고도 얘기하고, '설마, 보편적인 얘기는 아니겠지' 하며 부정하려는 마음이 있는 거 같아요.

오렌지　내가 원래 알고 있는 것, 살아온 세계와는 상충되는 이야기를 접했을 때, 있는 그대로 받아들이기보다는 내가 갖고 있던 상식들을 통해 거르고 조합해서 받아들이려는 경향이 있는 것 같아요. 그래서 처음에 책부터 읽으면서 공부했다면 여기까지 못 왔겠구나 하는 생각도 들어요.

여러 세대가 어울려 하는 페미니즘 공부는 어떤 점이 다른가요?

유예　'아빠'라는 위치가 남성이라는 지위도 있지만 나이 권력도 있기 때문에 여성이자 청소년의 입장에서 아빠들을 가르친다는 것에 대해 처음엔 걱정도 많았는데요. 페미니즘을 가르치면서 '청소년에게도 뭔가를 배울 수 있다'는 걸 같이 가르쳐야 해서 그게 좀 어려웠던 거 같아요.

현서 아빠들이 '요즘엔 안 그런다, 이건 좀 아닌 거 같다' 하는 말도 하시지만 그래도 많은 부분에서 인정하시고 배우려는 노력을 많이 하세요. 다음에 오면 조금씩 달라져 있고, 그런 모습을 보면서 대단하다는 생각이 들어요.

노리 첫 모임을 마치고 나서 교사 역할을 한 친구들이 "공부가 제일 많이 되는 사람은 아빠들이 아니고 저희들인 거 같아요" 하더라고요. 제 노림수를 꿰뚫어본 거죠. (웃음)

오렌지 그동안 공부한 것을 마을 사람들과 나누면 좋겠다 싶어서 여성혐오, 남성성, 섹슈얼리티, 10대의 성이라는 각각의 주제로 강사를 초빙해 '아빠페미 열린 강좌'를 진행하고 있어요. 생각보다 반응이 좋아요. 마을에서 오가며 만나는 청소년들에게 어른들이 반갑다는 뜻으로 "살 빠졌네, 예뻐졌네" 이런 칭찬을 하는데 듣는 사람 입장에서는 불편함을 느끼거나, 그런 상태를 유지하지 못하는 데 박탈감을 느낀다는 문제가 있다는 걸 알게 됐어요. 마을 전체가 노력해야 하는 부분이구나 싶어서 '성평등한 마을을 위한 열 가지 약속'을 만들었어요.

1. 세상에는 여자·남자, 기혼자, 아이 있는 가족만 있는 게 아니예요. 비혼, 성소수자, 비출산 가족 등 다양한 사람들이 살고 있어요. 서로 삶의 방식을 존중해요.

2. 장애인, 어르신, 어린이들 모두가 참여할 수 있는 프로그램으로 기획해주세요. 정보도, 결정도, 일도 함께 나눠요.

3. 고정된 성역할에서 벗어나 일은 함께해요.

4. 차별과 비하 발언은 하지 않도록 해요. 특히 마이크를 잡는 사람들을 주의해주세요.

5. 장기자랑이나 공연을 할 때 특정한 사람들을 희화화하지 않도록 주의해주세요(우스꽝스러운 여장 등).

6. 무대에 나선 이에게 "잘생겼다!" 하지 말아요. 외모 칭찬 말고 다른 창의적인 응원을 찾아봐요(브라보! 좋아요! 등).

7. 술 마시면서 서열을 짓거나 패거리 문화를 만들지 말아요. 의도치 않아도 그런 문화를 만드는 데 일조할 수 있답니다.

8. 오랜만에 만난 마을사람에게 "너 살쪘네" 하지 말아요. "예뻐졌다" "시집가도 되겠네"도 칭찬 아니에요.

9. 반가움의 표현이어도, 아무리 귀여워도 툭툭 몸을 만지지 말아요. 불쾌감을 느끼는 기준은 사람마다 다르답니다.

10. 처음 본 얼굴과는 존댓말을 사용해요. 내가 어떤 관계에서는 권력을 가진 사람일 수 있다는 것을 잊지 말아요.

유예 우리 마을에는 이 마을만이 가지는 특수성 때문에 발생하는 문제도 있어요. 예를 들면 처음부터 육아를 중심으로 만들어진 마을이기 때문에 정상가족 중심의 문화라든지, 아이들을 무조건 보호가 필요한 존재로 보는 문화가 있죠. 그래서 다양한 사람이 모여 있는 마을 공간에서 평등하게 관계 맺을 수 있는 방법을 생각해볼 수 있도록 강좌를 기획하려고 했어요.

남성들에게 페미니즘 공부의 필요성을 설득한다면?

준서 제가 일하는 반찬가게에 아빠페미를 소개하면서 "남성들끼리 공부하는 자리이니 한 번만 와보라"고 엄청 설득했어요. 왜냐하면 평소에 "이런 말 불편해?" "이런 거 말하면 안 돼?" 하면서 저한테 엄청 물어보거든요. 자꾸 물어보면서 왜 직접 공부하지는 않을까 생각해보면 페미니즘은 그들이 살아온 세상을 부정하는 이야기잖아요. 지금껏 살아왔던 방식이 잘못되었다는 걸 인정하는 게 두려울 수 있겠다는 생각도 해요.

오렌지 기득권자로서 자신도 모르게 지속해오던 편한 방식이 있는데, 그걸 다 뒤집고 포기해야 한다고 하면 별로 내키지 않겠죠. 세상의 절반이 겪는 이 불평등에 내가 연루되지 않을 수 없다는 문제의식을 갖고 접근하는 사람은 많지 않지요. 자기 자신을 돌아보는 건 정말 피곤한 일이기도 하니까요. 그래서 우리 목표는 '작은 실천'이에요. 태도나 언어, 세상을 바라보는 방식을 바꿀 수 있으면 좋겠어요. 강좌가 끝나고 마을 곳곳에 이야기 나누는 자리가 많이 만들어지면 좋겠어요.

엄마들이 "우리 남편 좀 데려가서 공부시켜 달라"고도 하시는데 사실 엄마들도 같이 공부하면 좋겠어요. 경험으로 알고 있는 것도 있지만 남성들이 무엇을 왜 어려워하는지, 어떤 부분에서 막히는지에 대해 고민해본 적은 별로 없을 거예요. 사회의 문화가 그렇게 흘러온 탓도 있으니, 그걸 개개인에게 책임을 돌릴 문제는 아니지만, 이런 흐름이 잘못되었다는 걸 알고 공부할 때 조금씩 바뀌지 않겠어요?

좋은날 노리가 언젠가 '페미니즘이란 시각으로 세상 보기'란 표현을 하셨는데, 그게 가장 좋은 방법인 거 같아요. 페미니즘 시각에서 보면 이 사회의 차별과 불평등이 여성의 문제만이 아니란 걸 알 수 있거든요. 남성에게도 유용하다는 걸 알아야 해요. 여성이란 이유만으로 부당하게 기회를 박탈당하는 것처럼, 남자 역시 어떤 존재이기 때문에 아픔을 겪을 수 있다는 걸 알려주는 거죠. '나의 문제'로 느끼게 하는 것이 관건인 거 같아요.

유예 가부장제가 여성만을 억압하는 건 아니잖아요. 여성 안에서도 가부장제의 혜택을 보는 사람이 있고, 남성도 사회가 규정하는 '정상'의 기준에서 인정받지 못하는 사람은 밀려나게 되는 구조니까요. 그래서 페미니즘으로 인해 남성들의 삶도 더 나아지는 부분이 있다는 걸 알면 좋겠어요.

현서 겪어보지 않은 일에 공감하는 건 힘든 일이잖아요. 학술적으로 접근하면 이해를 잘 못하니까, 저는 "낙후되고 싶지 않으면 공부하라"고 말해주고 싶어요. 옛날에 여성들이랑 흑인들이 투표권이 없는 걸 당연시했던 것처럼 지금 사회에서 당연하게 인식되는 부당한 처사들이 점차 바뀌어갈 거라고 생각해요.

오렌지 기획 강좌가 끝나면 '성미산 만인보'라는 행사를 진행하려고 해요. 육아하는 아빠의 이야기, 비혼 여성 혹은 남성의 이야기, 성평등에 대해 이웃들이 하고 싶은 이야기 등을 나누면서 다양한 제안과 실천을 모아보고 싶어요. 아빠들이 일상적으로 살림에 뛰어들 수 있도록 '생존 요리 강좌'도 준비하고 있어요. 아직도 동네에 무수히 많은 마초 아빠들, 소외된 아빠들을 어떻게 도울 것인가 하는 고민이 많아요. 아빠페미 안에서도 사실 편차가 크지만 변해가는 과정이라고 생각하고 있어요.

마지막으로, 자신에게 페미니즘이란 무엇인가요?

노리 '세상을 보는 눈'인 거 같아요.

좋은날 공감 감각을 더 예민하게 해주는 '더듬이'라고 할까요.

오렌지 지난 세월 내가 어떻게 살아왔는지 알게 해주는 '거울'이라고 생각해요. 당사자가 아닌 아빠들이 온전히 페미니즘 관점으로 사고하기란 어려운 일이에요. 그러니 자꾸 자신을 돌아봐야 하고요.

유예 아빠페미에 대해 말해도 되죠? 제게 아빠페미는 '인내심'인 거 같아요.(웃음) 그래도 오랜 시간 동안 고착된 생각을 바꿔나가려는 아빠들의 노력을 인내심을 가지고 응원하고 싶어요.

(vol. 119, 2018. 9-10)

스스로 서서 서로를 살리는 교육으로 가는
길가에 핀 '민들레'를 만나보세요.

정기구독 신청

교육=학교교육이라는
통념을 깨고

삶이 곧 배움이 되는 새로운
교육문화를 만들어갑니다.
가르침과 배움의 경계를 허물고
함께 배우고 성장하고자 하는
이들이 손을 잡을 수 있게 돕습니다.
자기가 선 곳에서 교육을 바꾸어가는
부모와 교사, 학생들이
전국 70여 군데에서 활발히
독자모임을 이어가고 있습니다.

교사라는 울타리를
넘어

격월간『민들레』는 '교사의 시선'에
머물러 있던 저에게 부모와 육아,
대안학교와 청년들의 문제까지
넘나들며 여러 사람들의 관점을
연결해주었습니다. 그리고
희망이라곤 찾을 수 없었던
'교육' 속에 생기를 불어넣으며
새로운 싹을 틔우는
사람들 소식을 전해주었습니다.
우리는 누군가에게 닿아야 살아갈 수
있습니다. 삶의 기척을 알아채고
서로에게 기대면서 말이지요. 저는
그 벗으로『민들레』를 선택했습니다.

_ 전 초등학교 교사 양영희

구독 안내

낱권 9,500원
일 년 구독료 54,000원

10명 이상 함께 신청하시면
구독료를 10% 할인해 드립니다.

정기구독을 하시면 민들레에서 펴낸 책
구입 시 10% 할인해 드립니다.

민들레   02) 322-1603 | www.mindle.org
mindle1603@gmail.com